书山有路勤为径,优质资源伴你行
注册世纪波学院会员,享精品图书增值服务

U0451211

职场快成长

刘荣 马成功 吴迪·著
阿拉神葱·故事指导
翟猛 车丽娜 陈靓 浣湘·美术指导

你不知道的11个高手思维

未经许可，不得以任何方式复制或抄袭本书之部分或全部内容。
版权所有，侵权必究。

图书在版编目（CIP）数据

职场快成长：你不知道的 11 个高手思维 / 刘荣，马成功，吴迪著．—北京：电子工业出版社，2021.8

ISBN 978-7-121-41727-6

Ⅰ.①职… Ⅱ.①刘… ②马… ③吴… Ⅲ.①企业管理－人才培养 Ⅳ.① F272.92

中国版本图书馆 CIP 数据核字（2021）第 159143 号

责任编辑：杨洪军
印　　刷：三河市鑫金马印装有限公司
装　　订：三河市鑫金马印装有限公司
出版发行：电子工业出版社
　　　　　北京市海淀区万寿路173信箱　　邮编100036
开　　本：720×1000　1/16　印张：14.5　字数：186千字　彩插：1
版　　次：2021年8月第1版
印　　次：2021年8月第1次印刷
定　　价：69.00元

凡所购买电子工业出版社图书有缺损问题，请向购买书店调换。若书店售缺，请与本社发行部联系，联系及邮购电话：（010）88254888，88258888。

质量投诉请发邮件至zlts@phei.com.cn，盗版侵权举报请发邮件至dbqq@phei.com.cn。

本书咨询联系方式：（010）88254199，sjb@phei.com.cn。

本书的缘起

谁的青春不迷茫？

孟小扬、梁小栋、钱小蓓、严小从四个"95后"的小伙伴曾经是大学同学，毕业后在不同的四家企业工作，在各自不同的岗位上追求和实现自己的梦想。刚刚进入职场，所有人都面对着新的环境与不同的工作挑战，四个小伙伴经常处于迷茫的状态，所以他们经常相聚，定期举行"吐槽大会"，一边互相吐槽工作的压力与烦恼，一边彼此打气和升级闯关。不知不觉在两年的时间里，他们从职场小白成长为职场精英，是很多职场小伙伴羡慕的"铁四角"。

迷茫并不可怕，可怕的是成长太慢！

本书围绕"95后"伙伴的真实职场成长故事，站在"95后"员工的视角，综合分析年轻人初入职场常见的问题，结合真实的职场情景和痛点，梳理了从新手员工到高手精英需要具备的11个职场新思维，近40个好学易上手的成长工具，约100条简单实用的成长建议。作者希望本书给刚入职场或即将进入职场的伙伴以切实的帮助与指导，让数字化时代的职场新人能够快速掌握这些职场新思维和新方法，减少不必要的摸索，少走不必要的弯路，少踩没必要的坑，在自己职业生涯的第一年就绽放灿烂的光芒！

快，就能够缩短学习时间。祝本书所有读者一踏入职场就开始创造价值，快速成为职场精英！

本书的三位作者在各自的领域里，都有着丰富的帮助职场年轻人快速成长的培训和管理经验。写本书时，每位作者都拥有想要帮助年轻人快速成长的初心。

刘荣老师是新生代管理与激励讲师，曾在知名上市集团担任总部培训发展负责人。她在近8年的大型集团的历练中，给30家分公司的新员工进行了入职培训与辅导，在她7年的职业讲师生涯里，给6万多名"90后"管理者和"90后"员工进行了培训与辅导，积累了大量的实战经验。她一直从事对于"90后"员工的管理与培训工作，对职场"90后""95后"员工有着广泛的接触和了解。因为了解，所以刘荣老师特别看好中国新一代的年轻人，也相信年轻人将来在企业中创造价值的机会会越来越多。她一直在不断尝试和实践各种新的管理方法，希望用大量的实践和可以落地的方法给年轻人以有效的引导。

马成功老师是见识多广的企业培训负责人，曾在国内数家知名企业培训机构任职，在20多年的职业生涯中，他辅导和培养了近万名年轻的储备干部和后备人才，见证过无数职场精英的成长，积累了对于企业新人和优秀骨干的非常宝贵的管理经验。随着"90后"员工进入职场，他明显感受到新入职场的年轻人创造力和快速产生业绩的能力越来越强。一方面是由于年轻人自身超强的学习能力和学习素养，另一方面是很多年轻人在上学期间就已经开始了解社会和企业，丰富的实习经历能够保证他们一进入公司就快速产生业绩。马成功老师希望总结出这些优秀职场人的宝贵思维和方法，帮助更多的年轻人用更短的时间从新手成长为高手。

吴迪老师是一位拥有新思维和新技术的职场黑科技高手，他有着丰富的职场经验，尤其是对于如何运用高科技提高工作和办公效率方面有前瞻性的思维和实用的方法，能够极大提升即将进入职场的年轻人的核心竞争力，让他们更快速地创造价值，甚至超越前辈，成为职场高手。

在本书的写作过程中，为了能够更加贴近"95后"的真实职场生活，我们在案例的编写和视觉绘画呈现方面，专门邀请了非常优秀的"90后"员工一起进行创作。在此，非常感谢为本书贡献案例素材和故事设计的"90后"游戏化课程设计师阿拉神葱、为本书绘制案例插图的"90后"软萌系漫画师翟浣湘，以及创新和心流场域创立者车丽娜、引导式培训师翟猛、内训师成长孵化导师陈靓。他们在2021年春节期间，牺牲了宝贵的个人时间，全力以赴地参与和支持本书的插图绘制和故事策划工作。

本书从开始动笔到收尾整整用了四个月时间，希望我们真诚的分享和真挚的表达可以触发每个年轻人对于职场的感悟，让大家在本书里自由地倾听、无拘束地交流，彼此赋能，见证成长！

职场快成长
你不知道的11个高手思维

本书主要人物

人物：孟小扬
行业：互联网
职业：工程师
标签：格子衬衫爱好者
爱好：喜欢在视频网站上看猫咪相关的视频
性格：标准直男 外表酷盖[1] 内心闷骚 人酷话不多

人物：梁小栋
行业：医药
职业：业务代表
标签：上进狂魔
爱好：在各大学习平台付费学习新知识
性格：能量爆棚 意见领袖 喜欢撩人

人物：钱小倍
行业：金融
职业：客服部代表
标签：元气美少女
爱好：周末网红店打卡
性格：多才多艺 行动力强 情绪易显化

人物：严小从
行业：通信
职业：办公室文员
标签：别人家孩子
爱好：佛系养生 保养达人 摄影街拍 古典文学爱好者
性格：乖仔学霸 礼貌周到 随和暖男 优柔寡断

[1] "外表酷盖"是指外表长得很酷的小伙子。"盖"与英文中的"guy"同音，意为"小伙子"或"男人"。

推荐序

职场教育是一个非常有意思的领域，一方面学校不教，另一方面企业也不太会对员工进行相关的培养。学校不教很好理解，它以传授理论、知识为主，但是学生走向社会后，只能自己面对复杂的社会情况。问题是企业也看不上这块内容——即使有足够的培训资源，一般也会优先安排专业能力方面的培训，或者偏企业文化、对于价值观的宣导。一般而言，职场菜鸟只能靠自己的上级进行手把手的教授。一旦跟了一个不负责任或者自己也没经验的上级，职场的前几年很容易就稀里糊涂地被耽误了。

我至今还记得，自己刚刚参加工作的第一个星期的一天晚上，居然加班到了半夜三点，只是为了赶一份其实没那么重要却复杂无比的汇总报告。我现在回想起来感觉非常可笑，但当时就是不知道怎么去批量处理文件，也不知道该如何跟老板沟通。拿到本书的样稿后，我第一时间扫了一下目录，一看第7章讲的就是高效办公自动化指南，不由得会心一笑——够接地气。幸运的是，我刚毕业就加入了宝洁这样的大公司，那里有充分的资源给员工做这样的培训。等我自己进入职场、真正了解了管理技能培训领域之后，我才更加深刻地意识到，在这方面我们的企业还是有很大提升空间的。

应该说这几十年来，中国部分优秀企业在研发、品牌、商业模式方面的竞争力已经可以比肩国际一流的大公司了。总体而言，企业中员工的职场竞争力却稍显不足。毕竟在跑马圈地的时代里，快就是硬道理，如果员工跟不上，换掉即可。几年前甚至有企业家和我说："汤老师，我们没必要抓管理，有那些精力多融些资烧钱买市场就好了。"不过，随着这几年经济进入新常态，加之"黑天鹅"事件的出现，越来越多企业意识到，粗放式增长这条路已经走到头了，企业必须用管理创造出效益，进行以员工成长带来企业增长的良性循环。

说实话，对于职场新人的培养一点不比培养高管容易。高管毕竟有很多经验的积累，更多的时候可以"一点就通"；而职场小白甚至还处在"不知道自己不知道"的阶段，需要人手把手地教，这个人还要不厌其烦，这样的工作非一般的老师可以胜任。幸运的是，有作者这样充满使命感的优秀培训师，把自己的经验萃取出来，并能够把握关键任务，博采众长，从新手到熟手、从快手到高手，分阶段、有重点地把一个小白遇到的典型场景讲透。

综上所述，我诚挚地向您推荐这本书：作为一个职场、管理培训和咨询方面的"老人"，我非常欣慰地看到，像作者这样优秀的培训者加入这一有意义的事业里，帮助企业的新人快速成长，相信我们国家企业的竞争力会越来越强！

汤君健　清华大学工程管理硕士、得到App"给中层的管理课30讲"主讲人、前宝洁销售总监

我一拿到这本书就爱不释手！20年前我初入职场时有很多困惑，随着自己一次一次的犯错，才逐渐找到了规律并拥有了正确的职场认知，但是这个过程很痛苦，也很漫长。现在这本书为职场新人提供了一些非常有价值的经验，这些经验可以说是价值连城的。我相信如果我们早点拥有书里的这些高手思维方式，就可以在职场发展中规避很

多风险，找到适合自己的发展方向。

我们只有读懂了未来，以终为始去看待当下，才能消除很多人对未来的不确定性的恐惧感，这也是本书带给年轻朋友们的最大价值。

冉涛　畅销书《华为灰度管理法》作者、
百森智投创始人、前华为全球人力资源专家

本书针对职场人不同时期的发展痛点，辅以生动案例，进行思维模式的解析，能够助力他们快速成长。

陈荣凯　美团培训负责人

每个人都经历过职场新人阶段，我也经历过。如果年轻的时候就能读到这本书，我就可以少走很多弯路！这本书语言生动，通俗易懂，最主要的是干货多！

谷来丰　博士、
原上海交通大学海外学院副院长

回想我二十几年前大学毕业刚入职场，很幸运地一报到就参加了老东家组织的为期20天的校招生入职训练营，那次培训帮我打开了职业成长的快通道。后来我进入人力资源和培训这一行，20年来组织了无数场针对校招新人的训练营，也设计了很多针对新人的成长计划。我深知校园和职场之间存在着一个知行脱节的巨大"鸿沟"，作为一个培训人，使命驱使着我要搭好一个桥梁和绿色通道，让像我当年一样的职场新人有目标地加速成长，稳当、快速地跨过新手阶段，向熟手方向继续发展。

近几年，企业培训市场上陆续出现了不少职场新人成长主题的培训产品，但我没有看到一本针对职场新人成长培训的好书。这本书在我看来填补了这一空白。这本书有"95后"职场新人的模拟人设和典型痛点场景，从新手、熟手、快手到高手贯穿职场发展全阶段，且分享了职场新思维和企业培训界认可的新工具（如游戏化思维）。我真诚把它推荐给疫情后走入职场的新一代职场人。读读这本书，实践书中推荐的工具和方法能够让你减少职场的迷茫和混沌，对未来有更多确定性！

孔卫华　朴朴集团培训负责人、原网龙集团培训负责人

思想一变天地宽，思维的格局决定人生的高度。如果一个人的思路打开了，那么解决问题的方法也就多了。奋战在职场，一流的思维是十分重要的能力。如今市场上不乏职场成长类书籍，我之所以推荐这本书，是因为本书独到的职场成长指导视角。它坚持以问题为导向，剖析职场新手、熟手、快手、高手阶段的思维进阶难点，帮助读者梳理职场各个阶段的思维提升方面的重点内容，引领读者不断拓展职场思维的广度、深度。

思维想到的地方，就是你能到达的地方。这是一本提升职场思维、决胜现代职场的宝典。

杨慧　教授、天津职业技术师范大学教务处副处长

30多年的职场经历让我意识到，《圣经》中的"马太效应"在职场中不断发生。成功者大多以一颗虔敬之心不负上级领导的嘱托，用匠心和情怀规划工作、经营自己的职场生涯，以独特的能力为组织创

造价值，为自己赢得更多发展机会，进而成就成功的职场人生。这本书是职场新人开启自己职场旅程的路线图。创造成功职场人生从阅读这本书开始！

张春林　上海时代光华教育发展有限公司总裁

每个人一生中，都会遇到多个弯道超车的机会。但是，你有承接机会的能力吗？这是一本让你快速提升能力、具备高手思维的经典好书，它为你娓娓道来一个个简单易懂的小故事，这些故事细品下来实用性极强。书中的高手思维，是作者多年来在职场培训领域的独到解读。作者一直关注职场个人成长和组织赋能，希望他们的智慧结晶对你的职场发展也能有很大帮助。

张晓华　钉学（杭州）科技有限公司董事长、授客学堂创始人

我有一位"95后"的同事，前年我们在以色列相遇的时候，我问她："你在以色列留学最大的收获是什么？"她不假思索地告诉我："学到了不一样的思维方式。"这句话让我印象深刻！正如心理学家马克斯维尔·马尔茨所说的："所有人都是为成功而降临到这个世界上，但是有的人成功了，有的人没有，那是因为每个人使用头脑的方法不同。"所以，我们与其说年轻人在职场容易迷茫，还不如说他们需要使用头脑的不同方法，即不一样的思维模型、独立自主的思维方式。书中的"11个高手思维"，无疑是为年轻人在职业前进的路上点了一盏灯，给人一种拨开云雾见月明的通透感。非常期待这本书能够走进校园、走进年轻人中间，尽早地帮助他们在职场中快速成长！

张婷芳　虎刺帕教育科技（浙江）有限公司董事长、
以色列ACE科技教育中心中国区合伙人

目 录

本书的缘起　/ III

推荐序　/ VII

第一阶段　新手起步

第1章　聆听内在——心灵比头脑更懂你　/ 002

一、你的工作，是否有心流时刻　/ 005

二、你的努力，是否有正面反馈　/ 008

三、你的人生，是否有"使命驱动"　/ 010

第2章　发展职业长坡——读懂优势密码　/ 017

一、取长？补短？你会如何选择　/ 020

二、你的优势，决定未来职业高度　/ 026

三、优势密码，你真的读懂它了吗　/ 027

第二阶段　熟手飞跃

第3章　提升能见度——不做职场小透明　/ 036

一、勇敢秀自己，不做职场小透明　/ 038

二、让实力配得上运气，不坐职场冷板凳　/ 043

三、让老水手助力，梦想之路需要导师 / 047

第4章 为未来投资——职场影响力资产评估 / 054

一、蜘蛛网图鉴：职场影响力资产评估 / 057

二、信任者联盟：如何获得平行伙伴的支持 / 060

三、向上影响：如何成为领导眼中的千里马 / 065

第5章 跨越式成长——在高潜的路上越走越远 / 072

一、721法则，让成长变得更有节奏 / 075

二、万物互联，建立你的成长亲友团 / 077

三、从叶到树，让碎片学习成为体系 / 080

四、一技多能，从T型人才走向π型人才 / 082

第三阶段　快手竞技

第6章 敏捷工作法——小步快跑+敏捷迭代 / 090

一、小米方法论：专注、极致、口碑、快 / 092

二、MVP原型：从0到1，靠自己 / 097

三、飞轮效应：从1到N，靠资源 / 099

第7章 职场黑科技——高效办公自动化指南 / 105

一、快手蜕变，批量完成文件整理 / 107

二、熟手锤炼，一键生成幻灯片 / 111

三、高手养成，一次做成绝不返工 / 127

第8章 游戏驱动力——用升级打怪实现能力跃迁 / 139

一、玩有引力：四轮驱动，游戏激励 / 142

二、纵横职场：升级打怪，能力跃迁 / 146

三、超级玩家：我的工作我做主 / 148

第四阶段 快手云集

第9章 项目高手——如何用项目管理让你升维 / 160

一、核心三角力，让你坐上项目管理的C位 / 162

二、三国布阵，帮你找到项目中的神队友 / 168

三、甘特+番茄，让你在项目中保持节奏 / 171

第10章 用户思维——造好"名+利+梦"工厂 / 179

一、激活用户：如何让用户和你玩在一起 / 181

二、运营用户：如何妙用用户中的"吐槽大王" / 185

三、引爆嗨点：如何创造用户的"峰终体验" / 187

第11章 增长思维——用户画像+数据驱动 / 193

一、增长思维，利用用户画像精准获客 / 195

二、从KPI到KBI，让大数据抵达真实的需求 / 202

三、4+1唤醒体验，有效提升产品复购率 / 205

四、打动人心，关注冰冷数据背后的真实人性 / 211

参考文献 / 216

新手起步

优势密码，你真的读懂了它吗
你的优势，决定未来职业高度
取长？补短？你会如何选择
发展职业长坡——读懂优势密码

你的人生，是否有「使命驱动」
你的努力，是否有正面反馈
你的工作，是否有心流时刻

聆听内在——心灵比头脑更懂你

人生使命四角图
TOP优势三要素

第1章

聆听内在
——心灵比头脑更懂你

第1章
聆听内在——心灵比头脑更懂你

【"铁四角"的第一次聚会：严小从的迷茫】

毕业三个月后的某天，四个小伙伴一起相约到钱小蓓推荐的网红店打卡，大家点完餐后开始互相分享进入职场的新生活。大家七嘴八舌地说着，却看见严小从在一边无精打采地叹气，一问才知道，他最近很郁闷，以下是小严同学的分享。

"大学这四年爸妈要我两耳莫闻窗外事，一心只读圣贤书，说以后工作的事他们自有安排。我一直埋头读书，没想过工作的事，更没去找实习，本科毕业直接保研，然后进了这家国企。爸妈觉得在这里上班比较稳定，单位离家也近，而且不常加班，工资福利还不错，他们挺满意的。但干了一段时间我发现，现在的工作其实和我的专业并不对口，每天上班都是固定的流程和琐碎的事，早上跟着领导开会写纪要，下午被老员工安排做很多打杂的事，感觉学不到什么新东西。而且，这里的人际关系非常复杂，我每天都得打起十二万分的精神揣摩领导的意图，还要和不知关系深浅的同事打交道。

"前几天和几个朋友聚会，发现他们都在互联网公司干得风生水起，学了不少新东西，虽说天天加班很累，但每天过得都非常充实，工作状态激情飞扬。对比之下，自己虽然现在不加班，下班后还可以刷剧、打游戏、健身，日子过得轻松自在，但比起他们，感觉自己一点长进也没有，想想未来若干年可能都是这样的状态，觉得无奈和迷茫。

"最近一直在想：我是继续在这里工作，满足父母的愿望，做他们身边的乖乖仔，还是和那些同学一样，趁年轻去外面摸爬滚打，闯荡一番呢？但如果真的离开了自己的舒适区，不知道外面的世界是风雨还是彩虹呢？"

现在，轮到你了：

灵魂1问：在正式工作之前，你对未来职业有清晰的想法吗？

灵魂2问：你对现在的工作满意吗？工作对你的意义是什么？

灵魂3问：你羡慕严小从的工作吗？安逸但一眼望到头的工作和辛苦却充满成长和挑战的工作，你会如何选择？

一、你的工作，是否有心流时刻

的确，职场的现状是许多人毕业后从事的工作与自己所学的专业无关。调查显示，50%以上的人在从事自己能够胜任但并不喜欢的工作。毫无疑问，这是对社会资源和个人才能的巨大浪费。要是每个人都能做自己喜欢的工作，那么整个社会的生产力一定大幅提高，而职场人对自己的职业前途和未来的生活状态也会更加积极乐观。

所以，为了避免做无用功，开始工作后或者每选择一门职业前一定要问问自己：我真的喜欢这份工作吗？这是比薪酬和职位更加重要的事。只有你真正热爱的工作，才能沉下心去钻研，才不会计较眼前的得失而专注于工作本身。正如《麦田里的守望者》里的那句话："成熟的人可以为了崇高的理想而卑微地活着。"因为理想和你热爱的事业是你更高的目标。

很多研究表明，在事业中取得成功的人大多数都从事着自己喜欢的职业，尽管他们在整个过程中不一定在金钱或地位上有很好的回报，但随着他们在自己领域的成功，金钱和地位作为成功的附属品反而会自然而然地跟随而来。

有时候你认为自己现在的工作不是理想的职业，但事实可能并不是你想象的那样，问题出在你自己身上。很多人性子急，一份工作干不到几个月就撂担子了，觉得没意思。但真的是工作本身没意思吗，还是你自己修行不够、站得不够高，所以看不到远处美丽的风景？

刘荣老师曾说过："我记得自己大学毕业时，也不知道什么工作适合自己。我当年毕业于文科院校，学的是经济管理，毕业后在一家公司的人力资源部做文员，负责公司每月的薪酬统计。虽然自己从小到大都喜欢写东西，在校期间给校广播站做播音员，也给校刊写文章，还是当年系里辩论比赛的前两名，但这些所谓的'校园辉煌'在当时的工作里完全用不上。因为从小对数字不敏感，所以我几次都把工资表算错了，领导很不满意，自己做得也很辛苦，好多次都想放弃这份工作。没过多久，公司成立了培训部，之前的上司发现我表达和写作能力不错，就建议公司把我转岗去培训部。没想到转岗后，我很快就做出了成绩，无论是讲课还是组织各种内训，都受到了大家的好评。现在回头想想，非常感谢当年的上司发现了我的长处，也是从那时候开始，自己真正找到了职业优势，并且一直坚持到了现在。

"回首这段成长过程，我对找到适合自己的工作有几点感受，找一份适合的工作就像谈恋爱，一个人找适合的伴侣（工作）有三种方式。第一，一见钟情型。两个人一见面就很来电，颜值匹配，兴趣相投，相处一段时间后发现彼此价值观也契合，又共同经历了一些事后磨合得也很不错，就这样慢慢走了下去。第二，日久生情型。两个人开始见面并没太大感觉，但在后来接触的过程中慢慢发现了彼此的优点，经过磨合培养了一些共同的爱好，在相处过程中慢慢加深了感情。第三，强扭不甜型。两个人对彼此的第一印象都不好，但你告诉自己，找一个好对象不容易，给彼此一个机会，再试试看。就这样慢慢开始相处，但后来你发现，无论你多么努力，彼此相处都很累，经过时间的磨合你还是不喜欢对方，最终你选择了放弃。"

想想看，我们找工作是不是也这样？第一种情况偶有发生，你和工作单位一见钟情，怦然心动，一拍即合，那恭喜你，你很幸运。但在实际的生活中，这样的概率并不高，一眼定终生都发生在童话或者偶像剧里，大部分人都是通过寻觅才最终得到真爱的。第二种情况比较常见，在寻找和相处的过程中，我们发现了适合的工作。这份工作往往有以下特点：你对它的第一印象不差，愿意试试看，经过一段时间的磨合，彼此的理念想法达成一致，你喜欢它（工作中有机会做你擅长的事），它也不嫌弃你（你的能力和岗位也匹配）。第三种情况是你找了很久，还是没有发现适合自己的工作，或者已经上手了一份工作很久还是觉得不适合，而且感觉身心俱疲。如果遇到这种情况，我（本章的"我"指作者刘荣）建议你停下脚步，问自己三个问题。我想过自己理想工作的模型吗？我具备胜任自己理想工作的优势吗？如果没有，现在开始我应该如何发现和培养这些优势呢？

【成长建议】

- 找工作就像谈恋爱，不经历几个，就永远不会知道哪个更适合你。如果一份工作是你擅长并且喜欢的，恭喜你，把它坚持下去，也许未来它就是你职场上发展的优势领域。
- 如果一份工作不是你最擅长的，但你不反感它，而且在这个过程中你得到了一些正面反馈。那么在没有找到最适合的工作之前，给自己一些时间，坚持把它做到最好，也许它未来会变成你擅长并喜欢的。
- 如果一份工作你不擅长也不喜欢，只是习惯性地勉强做着，建议你找时间停下来思考一下，自己的优势是什么，你的工作和优势是否匹配，你是否有机会和能力找到那些真正适合自己的工作。

- 参考书籍：《盖洛普优势识别器》和《适合比成功更重要》两本书中都有关于职业优势的专业测评，你可以认真做个测试和分析。

二、你的努力，是否有正面反馈

要想判断一份工作是否适合自己，除了心动，在心动的过程中你的这份热爱是否能够得到外界的认可也很重要。就像一份工作，即使你自己干得热血沸腾，但如果你的上级、同事、客户都没有任何正面的反馈和评价，你也要思考这份热爱是否方向正确，毕竟职场如战场，是要看战绩的。

我身边有个"95后"小伙伴，大学本科学的是人力资源管理，毕业后进了一家很不错的公司做培训发展部专员。这个小伙伴考虑问题细致周到，做事也很严谨，对公司组织的任何培训项目都会提前安排好所有的细节，布置教室常常忙到晚上。来公司短短一年，他在工作方面让部门的领导感到很满意，每天在上下班的路上也有很多参加过培训的同事主动向他打招呼。在公司组织的一次外训中，有位老师收到了他做的训后报告，说："这么多年培训了那么多公司，没有哪位学员的训后报告做得如此专业细致，更没想到是，这位学员还是个刚毕业不久的大学生。"这个小伙伴听了这样的反馈，更加坚定了他在这个岗位上好好发展下去的决心。

由此可见，判断一份工作是否适合自己，不仅来自主观的心流感受，也会有很多来自外界的正面反馈，因为做好工作一定会受到好的评价。所以，如果你工作了一段时间，上手很快并发现了其中的乐趣，你就会收获到来自上级、同事、客户的正面反馈。例如，你做银行柜员常和不同性格的人打交道，但你不觉得厌烦，还常有同事或客户夸你耐心周到。或者你做销售工作，助客户解决各种疑难问题，但你不觉得辛苦，常有客户因为你的沟通而记得你。或者你做技术工作，天天和数据打交道，但你不觉得枯燥，细致谨慎的工作态度使你很少出错。又或者你做后勤工作，天天处理很多琐事，但你不觉得琐碎，而且做事井井有条，让领导、同事感到很放心。

如果你的工作是这样的，那么你心里已经有了答案——你做的这份工作不仅是你喜欢的而且是擅长的，因为擅长的工作一定会得到正面反馈。

【成长建议】

- 定期主动和自己的主管沟通，听听他对你工作的评价和建议。
- 有时间找部门同事或小伙伴聊聊天，听听他们对你工作的感受和反馈。
- 有时间和要好的朋友一起聊聊天，让他们感受你在谈论自己工作时，是成长收获更多，还是吐槽抱怨更多。有时候，别人更能看到真实的你。

三、你的人生，是否有"使命驱动"

《牧羊少年的奇幻之旅》一书中有句话——每个人都有自己的"天命"。这里的"天命"其实就是你的"使命"，当你发现了自己的人生使命时，你工作的状态和意义就会完全不同。好的爱情也一样，其中不仅有自己的心动，还有别人的祝福。只有在过程中找到并建立双方共同的信仰，爱情才会更持久、更有生命力。

光辉合益所做的一个研究显示，在工作环境中，当员工的使命和公司的使命更加一致时，员工的敬业度和对工作的热爱程度会达到90%。而实际情况是，大多数公司的员工只能达到13%。当两者更加一致时，员工会更愿意工作，也更容易创造价值。这种使命感很强的公司的业绩可能是同行的12倍。这对公司和个人来说，是一个非常好的双赢局面。

使命是一个非常重要的职场话题。很多人认为，他们工作若干年后，是不是到了四五十岁才能清楚自己的使命？那时候，你确实更容易清楚自己的使命，但是和使命共存的、展现人生更大价值的岁月也更少了。所以，好的状况是，在你刚进入职场就已经明确了个人的人生使命；更加理想的状态是，在你读书阶段，甚至更年轻的阶段就很清楚自己的人生方向和目标，知道自己"为何而读书"，周恩来总理在学生时代就发现了自己的人生使命——为中华之崛起而读书。

《内驱力》一书中提到，职场中真正激励人的并不是钱，因为钱的激励是短暂的，真正让人在职业的长跑中始终保持一种向上的、积极的、精力旺盛的状态需要依靠三个关键的激励因素。

第一个激励因素是让人不断成长并发展能力。当在职业中碰到很多让你不断成长、学到新东西的机会和挑战时，你就会保持一种持续的兴奋感。

第二个激励因素是给予人更多的权力和资源。得到权力和资源后去创造更多的价值，就是现在很多企业强调的赋能，即把少数领导所拥有的资源下放给年轻的员工，让他们去创造更大的价值。员工学历再高但是没有资源，也就接触不到一些核心工作，最终是空有一身本领而没有施展的空间。

第三个激励因素是让工作的意义和个人的人生使命更加一致。那么每个人的人生使命到底是什么呢？你越早知道这个话题的答案，就会越早和这个世界产生共振。你会知道你最擅长哪些工作，你最喜欢的工作内容是什么并且沉浸其中，这时候你会忘掉时间，忘掉痛苦，更快成长，实现更大的价值。

我在给很多"90后"和"95后"的职场新人讲课时，经常会提到一位传奇人物——尼克·胡哲，他是一位没有手和脚的残疾人，但是他的人生非常精彩，他是全球最具影响力的演讲家之一。他曾写过一本书《人生不设限》，书中讲述了让其努力活到今天的最核心的信念和支撑他勇往向前的理由。他认为人生最可悲的不是失去了四肢，而是没有生存的希望及目标。人们经常埋怨什么也做不来，但如果我们只记挂着想拥有或欠缺的东西，而不去珍惜所拥有的，那根本改变不了问题。真正改变命运的并不是机遇，而是态度。正是在这种信念的支撑下，胡哲不断地明确自己的人生方向、价值目标，从而快速和顺利地跨越艰难时刻，在生活和事业方面都有了非常大的飞跃。

使命探寻大师蒂姆·凯莉在全球推广并帮助职场人找到自己的"人生使命方法论"（见图1-1），这套方法论涉及四个问题。当把这四个问题想清楚的时候，你的个人使命就会浮现出来。

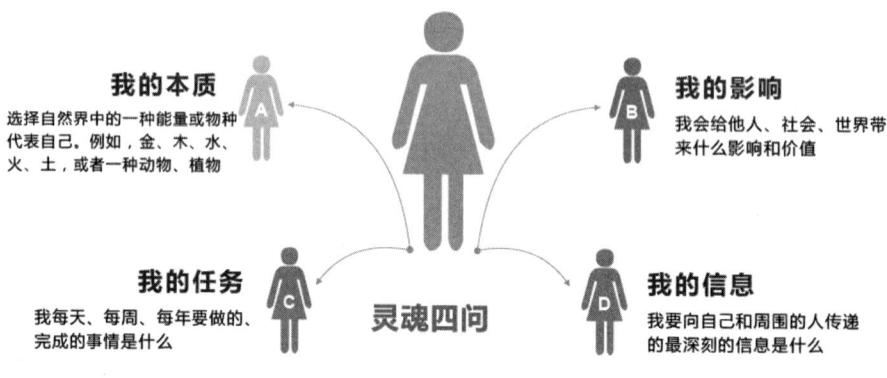

图1-1　人生使命方法论

"我的本质"和"我的影响"两个问题是关于内在的。如果我们能够更早、更清晰地描述这两个问题，就奠定了人生之船的锚，我们做的所有事情都会围绕在锚的周围。"我的任务"和"我的信息"两个问题是外在的，对应了我们日常工作和生活的言与行。

蒂姆·凯莉的四个问题帮助我们把内心的一些只言片语所构成的个人使命进行了逻辑化和文字化的处理。大家可以在平时读书的时候思考这四个问题，或者在某些安静的时刻将它们在纸上列出来。

例如，我经常回顾自己，也观察自己与世界的关系。我发现，水这种物质跟我的喜好、属性等更加吻合。于是，我就写下了：

（1）我的本质：是水，是一种存在于宇宙中的庞大的力量，它的属性是平静、分享、滋养他人，是支撑他人成长的伯乐。我刚工作的时候，就做过盖洛普优势识别的测评。我的五项优势主题里有一项就是伯乐，所以伯乐是我的一个标签。

（2）我的影响：让人们不断刷新自己，助人成长。我会不断推动身边的人更好地刷新和认识自己，也能更好地帮助他们成长，这种成长是由内而外的。

（3）我的任务：只要进入现实空间，我要做什么才能把这些个人使命活出来？我的任务是活出自己的本质，传播职场洞见。我自己首先要做好，然后把我的使命不断地活出来，同时，也会分享一些职业收获、职场观察、学习心得、洞见等，以帮助更多的人。这是我每天都在做的事情，与我前面所说的使命有很好的联系。

（4）我的信息：我会不断提醒自己和他人，成人达己，功在伯乐。这样做既能够帮助他人成长，也能够帮助自己成长。我有一颗乐于帮助他人成长的心。当他人能够在我的帮助下快速成长时，我的内心是充满喜悦的。即使他人并没有因此感谢我，我也不会计较，因为我能感受到自己对他的价值，我曾经帮助过他，我依然会感受到快乐。这是典型的伯乐心态。

【成长建议】

- 视觉化呈现：当找到自己人生使命的四个方法论后要让它们可见，即把它们放到手机里、电脑桌面上、墙上，这样可以更加强化我们的信念。

- 阶段性迭代：过一段时间后，如果自己又有了新的感悟、新的认识，就可以对它进行微调或修改，在原有内容的基础上进行小步快跑、迅速迭代，就有了1.0和2.0版。
- 希望你刚刚参加工作的时候，就把这四个问题的答案写在一页纸上，这一页纸是关于你的人生中最重要的人生使命的描述，越早得到答案，对你的职业价值就越大。

【本章小结——倾听内在的三个方式】

聆听内在——心灵比头脑更懂你

你的工作，是否有心流时刻

- ✓ 一见钟情，怦然心动，一拍即合。
- ✓ 印象不差，经过磨合，日久生情。
- ✓ 久处无感，再见无味，身心俱疲。

你的努力，是否有正面反馈

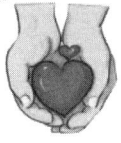

- ✓ 上级反馈，是否对你的努力有正面评价？
- ✓ 同事反馈，是否对你的工作进行点赞和支持？
- ✓ 客户反馈，是否对你的付出有感动和感谢？

你的人生，是否有"使命驱动"

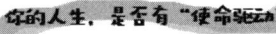

- ✓ 我的本质：选择自然界中的一种能量式物种代表自己。例如，金、木、水、火、土，或者一种动物、植物。
- ✓ 我的影响：我会给他人、社会、世界带来什么影响和价值？
- ✓ 我的任务：我每天、每周、每年要做的、完成的事情是什么？
- ✓ 我的信息：我要向自己和周围的人传递的最深刻的信息是什么？

【本章练习】找出生命中的"使命驱动"

1. 我的本质：可以选择自然界中的一种能量或物种代表自己。例如，金、木、水、火、土，或者一种动物、植物。

2. 我的影响：我会给他人、社会、世界带来什么影响和价值？

3. 我的任务：我每天、每周、每年要做的或者需要完成的事情是什么？

4. 我的信息：我要向自己和周围的人传递的最深刻的信息是什么？

第2章

发展职业长坡
——读懂优势密码

【铁四角的第二次聚会：钱小蓓的烦恼】

第2章
发展职业长坡——读懂优势密码

毕业后半年，孟小扬、钱小蓓、严小从、梁小栋四位小伙伴进行了第二次聚会。这次聚会是钱小蓓发起的，她在四人的"铁四角群"里紧急呼救，说再不"倾诉衷肠"就要抑郁了。三位小伙伴感受到了事态严重，下班纷纷赶来安抚。

三位小伙伴找了一家喜欢的咖啡厅，听钱小蓓娓娓道来："我一直觉得金融机构待遇不错，办公环境高大上，毕业后便应聘到这家银行上班。现在我每天在客服部接听电话，还要处理很多客户投诉，刚开始真的挺新鲜，和人打交道确实也是我擅长的，但时间长了有点烦，有的客户态度很不好，公司还要求我们耐心处理，不能有任何情绪。我现在感觉自己每天就像个智能机器人，每天的工作都是重复的，自己原本有的很多特长也没办法在工作中发挥。

"我想，到底是应该坚持下去，在本职岗位上继续做智能机器人，还是根据自己的兴趣特长选择更适合自己的工作呢？前几天，经人介绍和一位职业规划师交流，人家问我工作中最大的优势是什么？未来几年有什么规划？我都不知道该怎么回答。说真的，我不知道什么样的工作适合自己，也不知道之前的那些兴趣爱好能不能算是职业优势。更不清楚，到底应该根据职场需要选工作，还是根据个人爱好选工作？"

听钱小蓓这么一说，大家都陷入了思考……

现在，轮到你了：

灵魂1问：工作之前，你觉得自己是否拥有一些独特的能力？

灵魂2问：工作之后，你是否认真了解并分析过自己的优势？

灵魂3问：平时生活，你是否会找机会发挥自己的优势并经常钻研它？

一、取长？补短？你会如何选择

彼得·德鲁克说："一个人要有所作为，只能靠发挥自己的优势。"但现实生活中，大多数人总是用一生的时间来改善劣势，却很少关注优势。

在过去的十年里，美国盖洛普调查公司就员工敬业度中的"员工在工作上的主动性和创造性"这个话题在全球范围内做了1000多万人参与的调研，结果显示只有1/3的人在工作中每天都有机会做自己最擅长的事。而那些无法专注做擅长之事及发挥优势的人所付出的代价是令人震惊的。一项针对1000余人的调查结果显示，那些在工作中每天都没有机会做最擅长之事的人，几乎没有一个人能够做到全心全意投入工作中。与我们的研究结果形成鲜明对比的是，那些有机会每天都能做擅长之事的人，全身心投入工作的可能性要高出五倍，认为自己整体生活质量较高的可能性高出两倍甚至更多。

然而在大多数的组织体系中，要想提高待遇、地位或增加权责，就不得不换到完全不同的岗位，而不是在一个与我们的天赋相匹配的特定岗位上一直发展。对数字没有感觉的人不可能成为优秀的会计或统计员，天生不擅长与人打交道的人永远做不到很好地体谅别人，做不到用最真实的方式安抚情绪激动的客户；即便在篮球上叱咤风云的传奇人物迈克尔·乔丹，也不可能成为高尔夫球界或棒球界的迈克尔·乔丹，因为每个人的优势各有不同。

我们应该如何发现自己的优势呢？什么样的工作才真正适合自己呢？我在这里给大家分享保罗·帕兹的故事。

"白天我的工作是卖手机，可我一辈子都想当一名职业歌手。我的梦想是走上自己此生注定踏上的舞台。"保罗·帕兹（Paul Potts）是英国的一个手机销售员。就像千千万万的同行那样，他工作勤奋，长相普通，甚至可以说是毫不起眼，性格还有点内向。稍微不同的是，他的业余爱好是唱歌剧。

保罗从小就喜欢唱歌，但是一直没有机会接受正统的声乐训练。害羞的他只能在卡拉OK模仿帕瓦罗蒂唱歌剧，但是他从来没有放弃过成为职业歌唱家的梦想。为了到歌剧的发源地意大利拜师学习，他花光了多年的积蓄。即使在一次严重车祸中摔断了锁骨，在床上躺了将近一年，他也没有就此打退堂鼓。

2007年6月14日，36岁的保罗终于得到一个机会——参加英国达人秀（Britain's Got Talent）。在比赛中他演唱了普契尼的经典曲目《今夜无人入睡》。他以近乎完美的歌喉震撼了全场，原先傲慢的裁判不得不惊讶地说："今天我们见证了一颗原石转化为钻石的过程。"比赛的结果毫无悬念，他赢得了比赛的冠军，并获得了给女王伊丽莎白二世献唱的机会。之后，他正式签约成为职业歌手，第一张专辑就卖出了

300万张。

海明威说过："人生来不是为了被打败的。一个人能够被毁灭，但是不能被打败。"保罗的经历多少印证了这句话。他没有被平凡打败，因为他清楚地认识到了自己的才能和激情是什么。很多人只是抱怨命运不公，哀叹自己怀才不遇，却从来没有认真为自己的梦想和天赋付出过努力。

我们可以说，在保罗的故事里，梦想和事业的实现是基于对自己清晰的认识，这可以从三个要素来考虑：才能（talent）不仅指天赋，还包含后天所受的教育，以及通过工作慢慢积累下来的能力；激情（passion）是从心底真正热爱一件事的冲动；组织需求（organization needs）是外在世界需要你投入才能和激情的地方。要说职业规划和认识自己，就是尽量使这三者叠加重合的过程（见图2-1）。重合的部分越多，实现自我价值和梦想的可能性就越大。

图2-1　优势的三个要素

什么是优势？优势首先来自潜能。它也叫才干，是在你身上会自然而然反复出现、可被高效利用的知觉行为跟情感模式。每个人都有这种模式，它就像一个习惯一样隐藏在每个人的所有行为当中。当人们能够把这种习惯有意识地运用到某个场合并产出好的结果时，那就是人们所拥有的优势。所以，优势等于才干乘以刻意练习。举个例子，小时候很多人会夸你口才好，你长大之后在某个工作领域里刻意练习自己当众演讲的能力，并逐步把它变成自己的优势。真正的优势一定会在某个场景里展现出来。

让我们来分析一下优势的三个要素。每个人都有自己独特的能力。只是在职场中，大部分人不是被摆错了位置，就是没有正确地认识和努力发掘自己的能力。真正成功的人，无论他们的智商高低与否，无论他们从事何种行业、担任何种职务，都在做自己擅长的事。

迈克尔·乔丹12岁时就是少年棒球联盟的顶尖好手，那时他也想过未来进入棒球界，但是他与生俱来的匀称身材并不适合需要强大下盘的棒球运动。他拥有无与伦比的身体控制能力，若在篮球界发展会更有优势，后来的事实也证明确实如此。

比尔·盖茨大学读的是法律系，当他意识到自己更适合做电脑程序设计时，就辍学改行创立了微软公司并致力于软件产业化，最终造福了全世界。

想象一下，如果乔丹进了棒球队、比尔·盖茨继续读法律，事情会怎么样？并不是说他们就会失败，可能棒球界会多一个表现还算优秀的选手，而盖茨也会是个不错的律师。但是，这绝对是一种无法想象的可怕浪费。

如果你觉得这里的例子太遥远，那么回想一下你公司里那些表现突出、令你敬佩的人，他们是否都很好地运用了自己的优势？或者，公司里大多数的同事都在做他们力所能及、擅长的工作吗？

美国盖洛普调查公司曾在21世纪初对全球63个国家、101家企业、170多万名员工进行过调查，结果只有两成的受访者认为自己能够在工作中发挥所长。也就是说，有八成的人每天都在做自己不擅长的事，连成就感都谈不上，更别谈对公司做更多的贡献了。根据这项调查完成的《现在发现你的优势》一书中，作者马库思·白金汉（Marcus Buckingham）和唐纳德·克利夫顿（Donale Clifton）认为，大多数的公司与其花大钱训练员工，弥补其能力的缺陷，不如提高他们了解自己、发现并应用自己的能力，这才是提升企业实力的最好方法。

在职场中，你的独特才能就是核心竞争力，也是你的武器。与其成天羡慕别人的成就，为自己的不足而自卑，不如静下心来想想自己的长处是什么，怎么样才能发挥它的最大价值。一个人只有专注自己擅长的工作，无怨无悔地付出努力，才能有机会享受成功的果实。

知道自己愿意为什么事情付出努力和了解自己的能力大小一样重要。

拥有激情能令你在工作上事半功倍，甚至超越肉体的限制，激发出体内未知的潜能。不少朋友总是困惑，他们拥有一份让别人羡慕不已的工作——能发挥自己的专长，朝九晚五待遇高，老板和同事也好相处，可是他们仍然觉得生活空虚，做事没有意义。为什么？一个原因可能就是，那不是他们真正的事业和价值所在。

第2章
发展职业长坡——读懂优势密码

一个北大女生四年的大学生活在别人看来，简直不可想象：主修法律辅修经济，一周七天的课表排得满满的，熬夜赶报告、赶论文是家常便饭。毕业前她顺利拿到芝加哥大学的录取通知书。其他同学都在抓紧时间享受这最后的大学时光，她却跑到香港一家律所实习，周一到周五上班，周末再赶回北京旁听一个她非常喜欢的法学教授的课。

尽管如此，当身边的朋友带着敬佩和同情问她辛不辛苦的时候，她却一副诧异的神情——为了自己喜欢的事而忙活，是人生最快乐、最幸运的事，多少人求之不得，哪里算得上辛苦呢？她说，那些不知道自己想要什么、正勉强做着自己不喜欢的事的人，才真正辛苦。

同样是人，同样是一天24小时，有人徘徊多年仍一无所获，有人却能同时做好几件事并乐在其中。其中的差异就在于自己的激情。

为了避免30年后，你重新审视自己这些年的成就时痛哭流涕或者悔不当初，请你不妨现在就问问自己，什么才是值得你牺牲眼前利益、用最大激情去换取的工作和职业。

才能和激情可以说是自身的内部因素，而组织需求则是你向外实现它们价值的重要平台。许多人并不知道，自己之所以能获得一份工作，关键并不在于你的才能和激情是什么，而在于你的才能和激情能为别人做什么。你的公司期待你做出贡献来"兼济天下"，而不是在工作岗位上"独善其身"。

我（本章的"我"指作者刘荣）有一位朋友在出版界任职，之前他的部门新来了两个编辑，两人都宣称自己对图书抱有高度的热情。

朋友正好负责社里馆配书这一块的业务，便把具体的组稿工作分派给两人去做。时间久了，两人都来找他谈话——前者抱怨连连，觉得馆配书要求低、发展前景不乐观，还要成天和销售人员打交道，浪费自己的时间；后者一开始也有点排斥，但是他从其他同事那里了解到，馆配书项目一直是社里最弱的环节，现在领导有心要把这块漏洞填补起来，便来向朋友请教工作中应该注意的细节。结果，后者策划的好几套书都成为社里大力支持的重点图书，他本人也获得了领导和同事的称赞。至于前者，早在这之前就已经黯然离职了。

【成长建议】

- 我们可以找专业的职业导师做一些优势测评，以便了解自己的优势关键词。
- 回顾工作中给自己带来成就感和高光时刻的事情，总结适合自己的岗位。
- 如果发现了真正适合自己的工作机会和岗位，就要懂得积极表现和争取。
- 如果没有发现真正适合自己的工作，请珍惜当下的职业机会，在这个过程中去发现心流体验，慢慢培养你对它的热爱。

二、你的优势，决定未来职业高度

有很多人问，如果我没有优势，未来的职业是否也可以发展得很好？或者我是否可以在补齐短板之后，也能获得很好的职业发展呢？

如果把我们的职业发展比作一个坐标轴，横轴就代表我们的职业发展宽度。例如，有的人可以做销售也可以做人力资源，可以做客服也可以做支持工作。横轴代表你职业平行发展的可能性。纵轴代表我们的职业发展高度。例如，你从一个初级专员到主管，从主管到经理，从经理到部门总监，甚至成为公司总经理或者合伙人。纵轴代表你职业向上发展的可能性。如果没有特别突出的优势，但只要工作努力、态度认真，就可以在普通岗位上平稳发展。如果要向上发展，就会遇到瓶颈。因为没有特别突出的优势的员工在职场上非常多，所以他们向上发展的机会和概率就很小。

也就是说，如果把职业发展比作四个阶段——新手、熟手、快手、高手，那么，即便没有自己的核心优势，也可以从新手成为熟手，但很难成为快手和高手；可以在职业表现中做到及格和良好，但永远无法到达优秀和卓越。

【成长建议】

- 发现你的核心优势，并努力把它和工作相结合。
- 培养你的核心优势，慢慢把它培养成为职业优势。

三、优势密码，你真的读懂它了吗

很多人看到这里，可能会问：现在我通过专业测评和周围人的反馈，已经了解了自己的专业特长，也知道了只有发挥优势才能在职场上获得更好的发展，那我如何让自己的特长变成职业优势，同时更好地发挥和加强自己的优势呢？

要想拥有好的优势表现，就需要我们勤加练习。这里所说的练习，不是一万小时天才理论中所说的大量、重复的盲目练习，而是精确的、有目标的刻意练习。

理查德·法拉斯特在《刻意练习》一书中讲过这样一个例子：在我们过去的观念里，天赋是某些人与生俱来的东西，往往只有幸运的人才天生拥有，其他人并不具备这样的优势。至少在过去200多年的时间里，人们普遍是这样认为的。但在2014年，东京的一个音乐协会开展了一项实验，日本心理学家榊原彩子招募了24个年龄在2~6岁的孩子，对他们进行了长达数月的训练，目的是教他们如何通过声音来辨别钢琴上弹奏的各种和弦，这些和弦都是带三个高音的大和弦，难度非常高。

研究人员给孩子们上了四五节时间较短的训练课，每节课仅持续几分钟，一直训练到孩子们能够辨别音乐师选择的14首和弦为止。有些孩子能够在不到一年的时间里完成练习，有些则花了一年半时间。一旦某个孩子学会了辨别14首和弦音乐，音乐师便会对他进行测试，以观察他是否正确说出单音和弦的音高。完成训练之后，参与研究的每个孩子都被培养出了完美高音，并且可以辨别钢琴上弹奏单曲的音高。这是一个令人震惊的结果。尽管在正常的条件下，每万人中只有一人具备完美高音，但参加榊原彩子研究的这些孩子，却个个都拥有。

这项实验意味着完美高音根本谈不上是只有幸运的少数人才拥有的罕见天赋，而是一种只要经过适度的刻意练习人人都可以培养和发展的能力。

雷·阿伦曾十次入选NBA全明星阵容，是联盟历史上最伟大的三分射手之一。多年前，ESPN（娱乐与体育电视网）评论员杰奇·麦克马兰曾写过一篇雷·阿伦的文章，说他天生就是三分王，因为他拥有不同寻常的天赋。但雷·阿伦本人并不赞同这样的说法，他告诉杰奇·麦克马兰："我和身边许多人围绕这个话题争论过，当人们说上帝赐予我杰出的禀赋，让我在比赛中完成漂亮的三分球跳投时，真是气死我了。我告诉这些人，不要低估我每天付出的巨大努力，那不是一天两天，而是每一天。你们问问我曾经的队友，哪个人在训练投篮的时候最为刻苦，问问西雅图和密尔沃基那些球员，他们的回答一定是我。"事实正如他说的那样，如果问雷·阿伦高中篮球队的教练，你会发现雷·阿伦在高中时代的跳投并不比其他队员更出色，事实上他那时的表现还很差，但是他不向命运低头，而是掌握着自己的命运，一直在心无旁骛地刻苦训练。随着时间的推移，他将自己的三分球跳投训练得如此娴熟，动作优美，以至于人们以为他天生就是个杰出的三分射手。其实他只是利用了自己的天赋，而天赋的背后是日复一日的不断练习。

在我们身边常常也可以看到这样的例子。例如，很多人天生就有特长，有人口才很好，有人唱歌很好听，有人写文章很厉害，但如果在未来的工作或生活中没机会发挥这些特长，也没对它们加以练习，那么这些特长也会慢慢变得平庸或者暗淡。我有个大学同学，上学的时候在校报做编辑，文章写得非常好，几乎出口成章，而且会即兴编很多藏头诗，当时是被很多女生喜欢、男生羡慕的大才子。但毕业后，他没有从事与写文章相关的工作，而为了生活不停奔波。有次校友聚会，大家玩得很开心，临时起哄让他现场赋诗一首，突然发现之前才华横溢的他似乎不复存在了。他自己也说，现在偶尔想写点东西却感觉灵感匮乏，内容空洞，再也找不到当年的感觉了。所以，我们纵然再有才华，如果后天不坚持练习，这些才华也会被荒废掉。

在第一季《让人心动的offer》节目中，八位实习律师第一次接到写法律公文的任务。在写作的过程中，和其他小伙伴相比，平时经常写作的李浩源的写作速度是最快的。李浩源曾参加过《中国诗词大会》，在节目中还被高晓松称为"唐朝通"。他出身于书香门第之家，受爸爸影响从小就很喜欢看书，每周都会去书店寻找宝藏，对历史非常精通。他的知识储备量丰富到令人惊叹。无论是在面试的时候，还是在回答各种问题的时候，他基本上都能够出口成章，对答如流。我们可以看到，一个特长如果平时勤加练习、反复使用，它就会逐渐变成你的优势，让你使用时信手拈来，而这是大量刻意练习的结果。

究竟什么样的刻意练习才能让我们天赋成为优势呢？那就是"专注练习"，而不是"放松练习"。十多年前，瑞典的一些研究人员对两组学习歌唱训练课的人进行研究，其中一半研究对象是专业歌手，另一半则是业余歌手，所有人都至少上了半年训练课。研究人员采取了一系列方式测试研究对象，如心电图、血液样本、面部微表情观察等。结果表明，歌唱训练让业余歌手而不是专业歌手感到更高兴。这种差别的原因在于两组歌手怎样对待训练课。对业余歌手来说，在课堂上他们可以表达自己的内心感受，用歌声表达关爱，并且感受唱歌时那种纯粹的愉悦；但对专业歌手来讲，在课堂上他们要全神贯注地观察发声的技巧、呼吸控制等方面，努力提高自己的技能，这样的专注其实并没有多少乐趣可言，过程也并不轻松，最终的效果却是最好的。这是从任何类型训练中获得进步的关键，它告诉我们，不论做什么，都要专心地做，因为只有全心投入，才能更加精进地提升我们的技能，也许这个过程并不轻松愉悦，但是最后的效果是最好的。

谈到刻意练习，我身边也有很多这样的人。2019年和我合作项目的华夏基石的合伙人、资深咨询师张小峰老师就是一个很好的例子。合作期间我发现他每次出流程、工具模型的速度都非常快，在很短的时间内就可以拉出一个大框架和体系。我问他，这个能力是天生的吗？他说主要是因为做了很多年咨询，常常白天做项目，晚上赶报告，时间久了就培养出了高效出方案的能力。从2020年2月到现在，大概十个月时间，他在自己的公众号上每天都会发表一篇几千字的文章，365天如一日。写这么长的文章，对于大部分人来说是很难的，但是对他来说很容易，因为他每天都在练习，而这种投入了固定时间的刻意练习，就会变成一种持续的输出能力，而这种能力慢慢会长在血液和细胞里，变成一个人的核心竞争力，也成了真正的职业优势。这个优势养成的过程，并不轻松也不愉悦，它需要专注和意志力，就如同那句话所说的，"现在所有的毫不费力，都是之前的费尽力气。"

【成长建议】

刻意练习四步骤

- 第一步：找出一个突出的职业特长。例如，公文写作、英语对话、结构化表达。
- 第二步：有目的地练习，确定一个目标：进步程度、完成节点、对比数据。
- 第三步：每天坚持投入半小时，练习的过程保持专注，不要被打扰，不要间断。
- 第四步：练习之后，你要寻找一些外界反馈，听听评价，看看效果，再改善调整。

【本章小结——思维导图】

发展职业长坡——读懂优势密码

优势密码，你真的读懂了它吗

优势：持续做出近乎完美表现的能力。

天赋：天生的思考方式、感受方式和行为方式。

投入：投入到练习和开发技能、学习基础知识的时间。

取长？补短？你会如何选择

优势：你身上会自然而然反复出现、可被高效利用的知觉行为跟情感模式。

才能：不仅指天赋，还包含后天所受的教育，以及通过工作慢慢积累下来的能力。

激情：是从心底真正热爱一件事的冲动。

组织需求：外在世界需要你投入才能和激情的地方。

你的优势，决定未来职业高度

横轴：代表我们的职业发展宽度，代表职业平行发展的可能性。

纵轴：代表我们的职业发展高度，代表职业向上发展的可能性。

【本章练习】以下五个问题供你思考

1. 我的天赋有哪些？（写出五个天赋关键词，可通过专业测评得出）

2. 工作中最激情的时刻是什么时候？（写出工作中三个最难忘的高光时刻）

3. 以上的天赋和激情时刻是否被组织需要？（写出三个被组织需要的特长）

4. 这些特长我是否会经常投入练习？（写出三种练习方式）

5. 未来我会用什么的方式发展这些特长？（写出三种发展特长的方式）

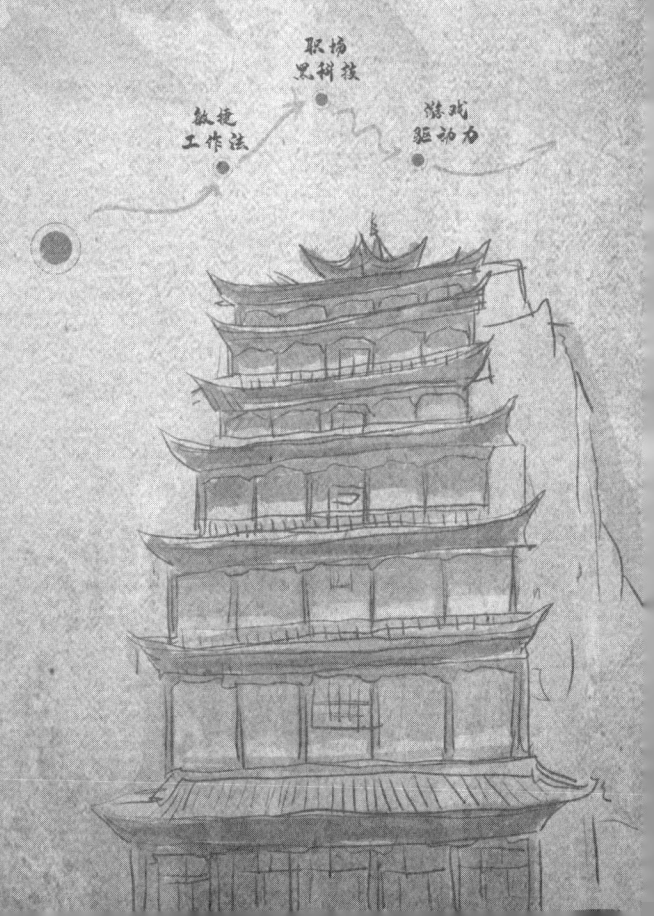

熟手飞跃

一技多能，从I型人才走向π型人才

从叶到树，让碎片学习成为体系

万物互联，建立你的成长亲友团

721法则，让成长变得更有节奏

跨越式成长——在高潜的路上越走越远

向上影响：如何成为领导眼中的千里马

信任者联盟：如何获得平级伙伴的支持

蜘蛛网图鉴：职场影响力资产评估

为未来投资——职场影响力资产评估

让老水手助力，梦想之路需要导师

让实力配得上运气，不坐职场冷板凳

勇敢秀自己，不做职场小透明

提升能见度——不做职场小透明

职场黑树技

敏捷工作法

游戏驱动力

蜘蛛网图鉴
721成长法则

第3章

提升能见度
——不做职场小透明

第3章
提升能见度——不做职场小透明

【铁四角的第三次聚会：梁小栋的努力与困惑】

> 作为职场新人，在公共场合表现自己到底算不算爱出风头呢？

努力VS困惑

最近，梁小栋获得了部门的表彰和奖励，周末约铁四角的其他人一起庆祝。他专门请大家去吃烧烤。大家一边排队等位，一边听他聊最近工作的感受。三个伙伴原以为梁小栋获得部门表彰和奖励后会眉飞色舞，却没想到对于工作他也有不为人知的新烦恼。

梁小栋说他自认很有才华，也很有想法，但不知为什么在一些公共场合就会不自觉退缩，不敢表达自己的想法。他总是担心自己的观点过于稚嫩，会被别人笑话。这次跟他同时获得部门奖励的还有另一个同事，该同事常在公共场合表达自己的想法。虽然自己对工作付出了百分之百的努力，但好像没有该同事更受大家的欢迎。

梁小栋感到很困惑，因为该同事平时说的很多建议和想法自己也想到过，只是没敢说出来而已。回想自己来公司半年多了，大家对自己的评价似乎除了敬业和努力之外没有其他亮点。梁小栋一直想在公司获得更好的发展，甚至未来还可以成为像部门老大那样优秀的管理者。可看看现在的自己，每天除了埋头工作，在公司就像个小透明。

听梁小栋这样一说，大家纷纷议论了起来，原来这个阶段每个人都有这样的困惑。作为职场新人，我们应该如何通过合适的方法在展示自己才华的同时又不让周围的伙伴觉得自己太爱出风头呢？

现在，轮到你了：

灵魂1问：你有过与梁小栋类似的经历吗？当时有什么样的感受？

灵魂2问：你觉得作为职场新人，需要积极主动地展示自己的才华吗？

灵魂3问：在展示自己职场能见度方面，你有好的想法和成功经验吗？

一、勇敢秀自己，不做职场小透明

很多小伙伴听到"小透明"这三个字，可能会联想到《快乐大本营》的主持人吴昕，因为某段时间"小透明"几乎成了吴昕的代名词。其实真正了解吴昕成长经历的人都知道，她在大学期间是个标准的学霸，而且在学校里非常受欢迎。但自从通过选秀节目加入人才济济的《快乐大本营》之后，吴昕发现自己不善表达的性格成了职业成长之路上的绊脚石，这让她在五人组成的主持队伍里完全变成了小透明。吴昕在访谈中分享自己的成长经历时几度落泪，因为作为主持人她一直渴望被看见，但因为过于低调和内敛，让自己失去了很多闪闪发光的机会。

后来，吴昕决定从自己身上寻求突破和改变。她开始尝试主持不同风格的综艺节目，积极主动地向公众展示之前没有被人发现的潜力。在《乘风破浪的姐姐》这个节目中，吴昕用自己的才艺征服了很多观众。她那段描写自己成长经历的说唱歌词更引发了很多人的共鸣——"十四年来一直跌跌撞撞／三十七岁了依然乘风破浪／在镜头下公开自己的成长／努力学会坦然接受大众的目光／小透明／也在默默闪闪发亮！"正是因为吴昕积极寻求改变，学会勇敢表达自己，才让更多人有机会看到她的成长，也迎来了自己事业上的第二春。

职场真人秀节目《令人心动的offer》里有一幕也让人印象深刻。八位实习生在律师事务所实习结束时，每人都说了自己的感受。梅桢说："我从小受到的教育就是女孩子不要过于展现自己，老一代人常告诉我们'枪打出头鸟'，所以我从小就接受了这样的观念。在这次实习中，其实很多项目我的能力都可以上，但我还是习惯性地向后退缩了。"

其实梅桢非常优秀，她19岁就取得了北京大学法学院的本科毕业证，20岁拿到了澳大利亚昆士兰州的律师资格证，之后又进入北京大学法学院读了博士,是八位实习生中学历最高的。但在整个实习过程中,大家发现梅帧虽然工作能力很不错,但每次小组辩论或者当众发言时,她总是过于低调、不善表现。最后实习结束,拿到律师事务所录取通知的不是学历最高的梅帧,而是总敢于在关键时刻表现自我的其他几位小伙伴。实习结束总结经验时,梅帧说:"这段经历告诉我,职场中应该多展现自己,因为这是一个属于强者的社会。"

我(本章的"我"指作者刘荣)身边的"95后"小伙伴阿拉神葱在一家教育培训公司工作,平时负责公司各个培训项目的组织与跟进。她进入公司工作一年后,发现参与的一个项目在产品包装和客户体验上仍有很大的提升空间,但由于项目负责人的工作太忙,所以尽管他意识到了问题却一直没精力去管。阿拉神葱通过几个项目经验的积累,找到了这个项目的改善点,于是她就花时间做了份项目完善方案,做完后抱着试试看的想法把方案交给了项目负责人。

没想到项目负责人看了阿拉神葱制作的方案后一下就被里面新颖又大胆的思路吸引了,尤其是改善后的项目可以给部门带来更多交付的数据信息,这让负责人大喜过望。项目负责人马上和部门伙伴一起交流,大家也感觉新思路比之前有很多的盈利点,一致支持改变。就这样,一周后负责人带领大家一起按新思路开始实施。整个项目结束之后,客户对新流程的体验非常好,部门收到了很多客户的好评。阿拉神葱也因为对老项目的改造建议获得了所有人的刮目相看。

后来,阿拉神葱在公司例会上分享心得,说:"我刚进入职场的时候,其实对很多工作都有自己的新想法,但总是不敢说,因为脑子中常会有这样的声音:把自己的想法说出来,身边的同事会不会觉得自己爱出风头？自己的工作经验少，想法未必成熟，领导会不会真的重视和采纳？就算领导觉得不错，但真正实施起来要花时间去调整，大家会不会配合呢？我每次都被大脑中的'会不会'所左右，失去了很多次表达想法的机会。这次这个项目，我之前参与了好几次，在整个过程中认真观察了很久，事后还专门咨询了几位客户的想法，找到了项目中能够改善的几个方面，并做成了策划案。我相信改善后的这个项目可以给部门和公司创造更大的价值，所以最终就鼓起勇气把策划案交给了经理。我想如果它被采纳了，对公司和大家都好。如果没有采纳也不遗憾，我只是想把一个工作做好，给团队和公司带来更大的价值，这样的尝试对我自己来说也是一种锻炼。"

阿拉神葱没想到自己一次大胆的尝试，不仅获得了领导和团队小伙伴的支持，还受到了那么多客户的好评，而且这些良好的口碑给公司带来了更多新项目的交付机会。通过这个经历，阿拉神葱也克服了自己之前的畏难心理，更加坚定了要在工作中大胆表达、勇于创新的信念。

其实，我们身边很多初入职场的员工，尤其是一些性格内向的小伙伴，内心都会有很多类似阿拉神葱之前"会不会"的内心戏。因为这些顾虑，我们在职场上变得格外胆小与谨慎，不敢表达自己的想法，怕万一说错话或者表达不准确给领导留下不好的印象。也有很多人，因为内心有这样的纠结，错过了很多可以展现自己才华的机会，在茫茫人海中被忽略，甚至可能错过一些好的职业发展机会。

希望阿拉神葱的职场经历可以带给我们更多启发。现在的职场更鼓励年轻人保持自己的勇气和锐气，懂得展示自己的才华，提升自己的职场能（见图3-1）能够帮助你在竞争中积极把握那些属于自己的机会。

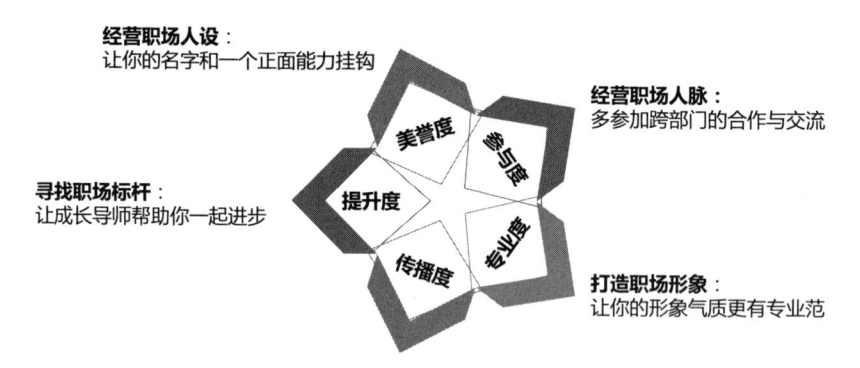

经营职场人设：
让你的名字和一个正面能力挂钩

经营职场人脉：
多参加跨部门的合作与交流

寻找职场标杆：
让成长导师帮助你一起进步

打造职场形象：
让你的形象气质更有专业范

强化职场影响：
有机会多分享观点，进行自我成长

图3-1　提升职场能的五度空间

【成长建议】

不成为职场小透明的五度小贴士

1. 美誉度。经营职场人设，让你的名字和一个正面能力挂钩。让大家一提到你，就想起你的一项特长或显著的职场优势。

2. 参与度。经营职场人脉，多参加公司跨部门的合作与交流。在这个过程中，让更多的领导和同事看到你身上的潜力。

3. 专业度。打造职场形象，让你的形象气质更有专业范。在职场不要打扮得很学生气，不了解的人常会通过外在判断一个人的工作专业度。

4. 传播度。强化职场影响，有机会多分享观点，进行自我成长。分享你的成长过程，而不是炫耀你的成绩，大家一定可以接受。

5. 提升度。寻找职场标杆，让成长导师帮助你一起进步。有导师的支持和帮助，可以让自己在专业度和职场成熟度上快速提升。

二、让实力配得上运气，不坐职场冷板凳

"90后"的珍珍在六年前刚入职的时候是公司网站的一名小编，负责撰写和更新公司的相关新闻，每天工作轻松，准时上下班。这可能是不少人梦寐以求的好工作。然而，珍珍充满了求知欲和好奇心，也非常渴望成长，常常羡慕需要出差去做市场推广的同事，总想折腾点什么证明自己，害怕自己成了被温水煮熟的青蛙，在不知不觉中丧失竞争力。

正当珍珍为此苦恼的时候，公司CEO到她所在的分公司出差。CEO平易近人，主动跟员工打招呼。珍珍平时从老员工那里了解到，CEO在海外长大，做决策时对员工的很多创新想法一直都很欣赏和包容。珍珍想了很久，鼓起勇气给CEO写了封邮件。她介绍了自己的专业背景和吃苦耐劳、学习能力强的职场特质，也说明了在目前岗位上无的放矢的苦恼，希望自己能够有机会在更有成长空间的岗位上发挥特长。

邮件发出后珍珍一直忐忑不安，她不知道自己这种草率的行为会不会冒犯公司，也做好了随时被通知离职的准备。没想到，两天后珍珍收到了CEO回复的邮件，CEO在邮件中对她勇于尝试的举动表示了认可，并安排了面试。后来经过层层严格的面试，珍珍从基层的菜鸟被提拔为CEO助理，幸运地获得了一张职业跃迁的门票。很多人都说

珍珍太幸运了，但只有珍珍自己知道，如果当初她没有按下那个发送键，这份幸运就永远不会降临，她说："要想做成一件事，必须付诸行动。只有行动，才让幸运有了降临的可能。"

珍珍虽然因为勇气获得了一张职业跃迁的门票，但为了胜任新的岗位，她付出了更多努力。CEO办公室原本就有一位首席助理，她跟着CEO干了十几年，事无巨细，帮CEO安排得滴水不漏。一开始，珍珍就是个打杂小妹，倒咖啡和点外卖都是她的日常工作。渐渐地她发现，首席助理对自己的定位是行政助理，从来不让自己参加公司管理层会议，所以她对公司的业务没有很深入的了解。珍珍就给自己定位，希望在业务上有所突破，成为CEO在业务上的帮手，于是她决定从参加管理层会议开始。

在第一次管理层会议上，珍珍是硬着头皮进去听的。当时CEO和其他管理者正在开会，她倒完咖啡，就搬了张椅子，坐在了会议室后面。CEO愣了一下，珍珍能感觉在场所有人都愣了一下，因为十几年来，CEO助理从不参会。珍珍如坐针毡，但她很想学习到更多的业务知识，就想自己只要不被CEO赶出去，就不出去。还好，CEO没有。但因为是第一次参加管理层会议，所以珍珍啥也听不懂，她就用笨办法，全部抄下来，整理会议记录，带回家做功课。她跟着CEO一年出差去了54个城市，几乎每周都在出差的路上。在出差间隙，她还靠自学学会了看财务报表。公司于2017年收购了一家韩国公司，需要经常去首尔跟韩国同事打交道，珍珍又自学了韩语，并且掌握了很多新的技能。靠着不服输的心态，珍珍每次都能高质量完成领导安排的各种任务。

回首这段职业历程，珍珍说六年前别人认为我用运气换来了门票，六年后我用实力让自己配得上这份幸运。幸运是块敲门砖，实力才是终极底气，自己是靠着努力才配上这份幸运的。总结一下珍珍的职场路径：她首先靠行动幸运地获得了一张门票，然后用努力让自己配得上这张门票，最后用实力让门票升值，从而进入商务舱。

很多小伙伴不太愿意尝试能力之外的工作任务，有的怕万一做不好，给上级留下不好的印象；有的觉得不是自己本职工作没有必要做，做了也是给别人做嫁衣。其实，个人能力的飞跃往往是通过熟悉的舒适圈之外的挑战获得的，每一次新的任务背后都可能藏着一个你意想不到的好机会。

之前我辅导过深圳的一家连锁企业，当时人力资源部同时招了两个人，一个是薪酬专员，一个是行政专员，她们年龄相仿，学历背景也差不多，但两个人对待领导布置任务的态度却大有不同。每当领导安排有挑战性的工作，那个薪酬专员就非常紧张，唯恐做错了要承担责任或者领导责怪自己，所以总会找理由推诿，说没有经验做不好。几次下来领导也不好给她安排有难度的工作，而她自己的工作能力就一直停留在做琐碎的薪酬事务中。后来她就这样在薪酬专员的岗位上做了五六年，眼看着同一批入职的同事在公司都有了好的发展，自己也很郁闷。

而那个行政专员，每次不管领导安排什么事情，她都不会推诿。即便没有经验，她也边学边干。遇到不懂的地方，她就上网搜索，或者查专业书，有时还主动向主管和同事请教。时间长了，她就积累了很多一线的工作经验，学会了很多处理棘手问题的方法，成了很多部门都爱找的"智多星"。入职一年多后，这个行政专员就通过内部竞聘的方式升为其他部门的主管，两年后又通过出色的工作能力升为部门经理，后来因为一线处理事情的经验非常充足，做了新店的运营经理。入职短短四年，她华丽地完成了三次职业蜕变。

现在职场环境竞争激烈，我们需要创造"被看见"的机会。要想"被看见"，不仅需要你主动表达、表现自己，更需要当领导让你承担更大的挑战和责任时，你勇敢地站出来去尝试和挑战，因为每次大胆尝试的背后都蕴含你想象不到的成长与机会。所以，不要怕在职场中承担更多责任，更不要怕在成长中犯错。新人初到职场，在工作中出现问题是再正常不过的事。在这方面，管理者有心理预期，只要你愿意成长和进步，并且学会不断地总结和复盘，管理者就会给你更多的机会。

所以，很多时候我们需要自己发亮发热。如果不愿大胆尝试，就有可能让机会一次次从你身边溜走；如果在冷板凳上越坐越冷，最后就可能想站都站不起来了。

【成长建议】

不坐职场冷板凳的"三不"原则

1. 对自己没做过的工作，不轻易说"不"。勇于承担责任，让更多人看到你的潜在能力。领导往往对你希望越高，越喜欢给你安排活。

2. 对自己没经验的工作，不要怕犯错。即便工作中出现问题，也虚心接受上级批评，争取下一次做得更好。

3. 有利于自己成长的挑战，不要先逃避。你应该把每一次挑战当成升级打怪，完成的挑战越多，能够解决问题的级别就越高。

三、让老水手助力，梦想之路需要导师

我身边很多职场小伙伴在刚工作不久的时候都有类似的烦恼，眼看工作一年半载了，但每天都重复着固定的工作，下班的时间已经很晚了，回到家觉得很累，也没心思做别的事，常常刷会抖音或者玩下游戏就睡了，第二天又匆匆忙忙赶去上班，一天天就这样过去了。很多人入职几年了，能力都没有提升，还做着所有职场新人可以做的简单重复的工作，但自己又觉得很无奈，不知道如何突破和改变。

如果你现在正在经历这样的时刻，我想告诉你：你应该为自己找一位职场导师！很多人问：为什么我们需要职场导师呢？记得看综艺节目《演员请就位》时，我们常常可以看到一些已经入行很久的老演员，由于没有机会遇到好的剧本和好导演的点拨，很多年过去了都一直演技平平，职业生涯没有任何的突破和进展。而如果演员尤其是那些新演员有机会遇到一位好导演，就会得到专业的指导，演员的演技就可以在短时间内得到大幅度提升。记得节目里一位拍了十几年电视剧的演员说："和好的导演好好拍一部戏学到的东西，胜过拍一辈子的烂片。"如果能有好导演对演员进行指导与点拨，一些有悟性的演员很快就能够脱颖而出，找到自己演戏的风格和技巧，在未来的路上有更大的发展空间。所以，要想在一个行业里发展得越来越好，除了自身的天赋和努力，还需要身边有过来人对你进行引导和点拨。

职场中的好导师，就如同演戏时遇到的好导演。这就好比一艘小船在茫茫大海中航行，如果前方没有明灯，身边没有老水手为你指导，仅凭你一己之力独自掌舵，不仅行进速度会很慢，而且很可能偏

离方向。而老水手和老司机不同，后者或许自己业务能力很强，但不一定会辅导下属，而老水手不仅有娴熟的业务经验，还能帮你解锁成长路上的难关，在他身上你可以学到职场的方向感和大局观。好的职场导师是好的职场榜样，会深刻影响你未来的发展方向。

我很幸运，在不同的职业发展阶段遇到了不同的导师。其中最难忘的有两位，第一位是自己刚毕业认识的培训启蒙老师，他让我在毕业的两年时间内就明确了未来的职业发展方向，缩短了自己盲目探索职业方向的时间。第二位是我在企业工作时认识的一位前辈导师。记得自己有一次有离职的想法，当时很难做决定，便向这位前辈请教要不要离职。他没有直接告诉我答案，而是用教练思维启发我自己思考：当你决定要做自由讲师时，一定要先看看自己手里有几张可以让你自由飞翔的牌。不同的牌代表你在市场中不同的核心竞争力。例如，判断一下自己是否有知名企业背景的背书？是否有在某个领域的资深的工作经验？是否在学历背景、专业证书上有可以证明你专业性的资质？有否有代表性的个人品牌课程？你手里的牌越多，市场的机会就越多，牌越少，发展的空间就越小。一个人的决策是否可取，不仅需要勇气，更需要他拥有驾驭风险的实力。正是和前辈导师的这次对话，让初出茅庐的我按捺住青春的躁动，开始在工作时潜心磨炼，不断积累经验，不断提升自己的综合实力和核心竞争力。

所以，无论是初出茅庐的职场新人，还是经验丰富的职场老人，在职业成长的不同阶段都需要一位好导师。这位导师可以是公司里比你更有经验的学姐/学长，也可以是你非常信任的上级主管；可以是你新入职时带教你的公司老员工，也可以是你身边业务能力超强的职场标杆，更可以是职场外对你成长有引领作用的前辈或老师。一个好的职场导师可以帮助我们少踩坑，减少摸索的时间，高效找准自己的职业方向，学到更有效的工作方法。关键的时候，没准他会助你一臂之力，给你一些职业发展机会。而且，在职业成长的不同阶段，我们可能会有不同的导师。

很多人问：既然导师这么重要，那我们如何能够找到适合自己的导师，或者说服这个心仪的导师帮助自己呢？我分享一些自己的经验心得。

什么样的导师适合你

好导师需要具备软硬件两个标准。

"硬件"就是他的专业能力与辅导能力。专业能力指他的业务能力是不是很过硬，是否有比较丰富的工作经验。辅导能力指他能否通过适合的方法辅导和培训你，让你在业务上得到提升。

"软件"就是他的意愿度和与你的匹配度。意愿度就是他是否愿意教你，愿意帮助你在职场上有效成长。匹配度就是他的沟通方式和辅导方式是否适合你，你们在一起交流学习是否合拍。

如何找到心仪的导师

（1）努力的态度和突出的潜力。如果你在职场上谦虚好学，做事愿意付出，别人一定也会愿意帮助你，包括你的导师。另外，要让别人愿意帮助你，就要让别人看到你身上可持续发展的潜力。这就像投资一样，任何一个投资者都希望自己投资的项目能够有回报率。要想成为职场精英，首先要具有精英思维，从陪伴你成长的导师身上学习的不一定是某项工作技能，更多的是他的思维方式或成熟的心智模式，这些可以帮助你开阔视野，拥有更大的格局。

（2）了解导师的风格和意愿。当你有了心仪的导师后，要勇敢地和导师沟通，看他是否了解你，是否愿意支持你的成长，你应该真实地向导师表达你渴望成长的需求。

（3）向导师表达你的所思所想，并向他表明学习的诚意，创造仪式感。如果可以，你可以进行一个有仪式感的拜师仪式。例如，请导师喝茶以表达对他的尊重。

如何让导师支持你的成长

（1）定期和导师进行交流。你要养成和导师定期交流的习惯。例如，一月一次的见面交流，或者半月一次的线上交流，可以让导师陪伴、监督你的成长，你们之间最好定期有深度的交流。在交流前你可以准备好最近的成长心得和需要咨询的问题，让交流更加高效和有帮助。

（2）让导师见证你的成长。在你成长的每一个里程碑，如你的第一次职场高光时刻、第一次在部门发言、第一次得到公众表彰、第一次当优秀员工等，你都可以及时分享给导师，让他分享你的成长和喜悦。见证你的成长，感受你的进步，分享你的成就，是对导师最有价值的回报。

【成长建议】

寻找梦想导师的"四要"法则

1. 要相信你的慧眼。好导师未必面面全能,而是他有意愿帮助和支持你成长。

2. 拜师要有仪式感。找适合的时间,进行有仪式感的拜师礼,表达你对导师的重视和尊重。

3. 要定期进行反馈和复盘。定期的反馈交流能够有效地复盘自己的成长,让自己不断积累经验。

4. 要导师见证成长。激励自己不断创造职场成长的高光时刻,与导师分享成就。

【本章小结——思维导图】

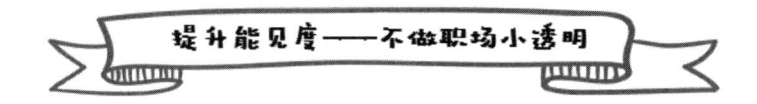

提升能见度——不做职场小透明

要敢秀自己,不做职场小透明

- ✓ 美誉度:经营职场人设,让你的名字和一个正面能力挂钩。
- ✓ 参与度:经营职场人脉,多参加公司跨部门的合作与交流。
- ✓ 专业度:打造职场形象,让你的形象气质更有专业范。
- ✓ 传播度:强化职场影响,有机会多分享观点,进行自我成长。
- ✓ 提升度:寻找职场标杆,让成长导师帮助你一起进步。

让实力配得上运气,不坐职场冷板凳

- ✓ 对自己没做过的工作,不轻易说"不"。
- ✓ 对自己没经验的工作,不要怕犯错。
- ✓ 有利于自己成长的挑战,不要先逃避。

让老水手助力,梦想之路需要导师

- ✓ 要相信你的慧眼。好导师未必面面全能,而是他有愿意帮助和支持你成长。
- ✓ 拜师要有仪式感,找适合的时间,进行有仪式感的拜师礼,表达你对导师的重视和尊重。
- ✓ 要定期进行反馈和复盘。定期的反馈交流能够有效地复盘自己的成长,让自己不断积累经验。
- ✓ 要导师见证成长。激励自己不断创造职场成长的高光时刻,与导师分享成就。

【本章练习】提升职场能见度的自我测试

1. 美誉度：让你的名字和一个正面能力挂钩（写出两三个你的职场IP关键词）。

2. 参与度：多参加公司跨部门的合作与交流（写出两三个你参与的合作项目、活动）。

3. 专业度：让你的形象气质更有专业范（写出两三个你可以提升的形象改变）。

4. 传播度：有机会多分享观点，进行自我成长（写出两三个你可以长期坚持在其中分享观点的社群）。

5. 提升度：让成长导师帮助你一起进步（写出你希望找到的职场导师画像）。

第4章

为未来投资
——职场影响力资产评估

第4章
为未来投资——职场影响力资产评估

【铁四角的第四次聚会：梁小栋对于新选择的纠结】

一转眼，梁小栋在公司工作已经快一年了，他从什么都不懂的新手做起，一路摸爬滚打，终于能够独立签约大订单。在部门中梁小栋业绩不错，无论能力还是工作态度，经理和同事对他都是赞誉有加。

最近，公司有个跨部门的合作项目，希望优秀的业务代表和包括市场部在内的几个部门一起合作，整理出一套针对VIP客户的标准化服务流程，提升公司在行业内的核心竞争力。这个项目是由总经理亲自牵头的，在项目中表现优秀的人，未来在公司会有很大的上升空间，或者拥有独自负责新项目的机会。梁小栋非常想报名，但据说这次项目成员的选拔要求非常高，要通过几轮不同部门代表的投票选举。因为梁小栋平时除了本部门的同事，和其他部门同事的交流较少，所以他心里很忐忑，不知道在选举中自己是否能够获得其他部门同事的支持。

眼看选举在即，梁小栋却在心里打起了小鼓，默默盘点自己在公司里的人际关系库。他发现除了本部门领导和同事会对他鼎力支持，其他部门的同事是否会支持自己，他心里没底。

现在，轮到你了：

灵魂1问：你有过与梁小栋类似的经历吗？

灵魂2问：如果有跨部门的合作项目，你是否会获得很多人的帮助和支持？

灵魂3问：如何在公司内部提升影响力，让你的能力被更多的人看见？

一、蜘蛛网图鉴：职场影响力资产评估

如何知道自己在职场中有没有影响力呢？我们可以先画一张职场蜘蛛网，把自己的名字放在中间，然后把工作中所有的人脉关系画在蜘蛛网上，最后评估这些人和自己的关系（见图4-1）。可以用三种符号在职场蜘蛛网上表示你的人脉关系。

（1）加号，代表你们之间的关系不错，你找他办什么事，他都会立刻抽出时间帮你。

（2）减号，表示你们之间有些矛盾，你有事也不愿意找他，即便找了，他也不一定会答应。

（3）问号，代表你们有工作上的接触，但有事的时候，你也不确定他会不会帮你。

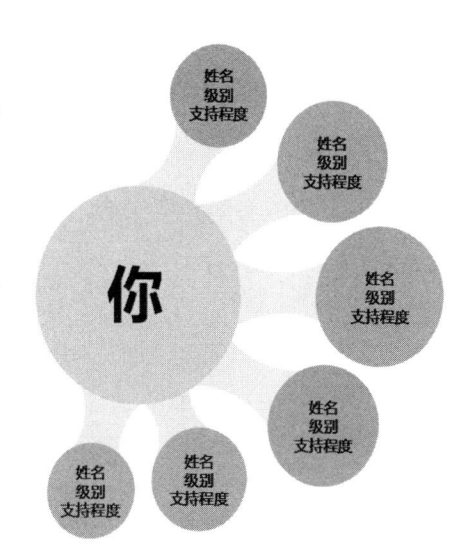

图4-1 职场影响力资产评估表

图4-1可以从三种情况来解读：

（1）你的职场蜘蛛网中加号越多，说明你在组织中的根基越深。当你做事情遇到困难的时候，有更多人会帮你。

（2）你的职场蜘蛛网中减号越多，说明你与组织中的人有很多矛盾。

（3）你的职场蜘蛛网中问号越多，说明你在组织中相对来说是比较新的，和大家的关系比较浅。

《高效能人士的七个习惯》一书中有个概念叫"情感账户"，情感账户指的就是人和人之间的连接。一个人和组织之间关系的评价维度有两个，第一个是看你和其他人加号关系多还是减号关系多，这样可以评价自己在组织中的影响力的大小。第二个是看工作中和你发生连接关系的人的级别。如果这些人的级别是偏低的，说明你在组织中的影响力偏弱。哪怕大家都给你打的是加号，但其实你在组织中做的事情依然不太大，因为你们之间都是特别初级的人脉关系。如果在组织的关系中，为你打加号的人的级别都比较高，也比较有影响力，那对你在组织中的影响力会有非常大的支持作用。

什么是影响力？就是能够把它作用到对方内心的一种能量，这种能量可以给他人带来触动，让他人看到你的价值和能力。所以，影响力是一种能够达到结果或者得到他人对你的支持的能力。在职场中它不是软能力，而是硬能力。

为什么影响力这么重要？在互联网时代有一个底层的商业模式，叫作"other people's"，就是"用别人的什么来帮助我做什么"。

例如，互联网行业的典型思维模式"羊毛出在狗身上，再让猪去买单"，其实就是用别人的钱帮我们做事情，这是一种新型思维模式。当你遇到困难的时候，还想用自己的时间和资源来解决的话，就是偏传统的低效模式。更高效的模式是让合适的人帮我们做事情。例如，滴滴的商业模式就是用司机的时间帮助滴滴平台赚钱。又如，Airbnb（2020年上市，约2000多亿美元市值）的模式是other people's space，用别人的空间，让每一个家庭贡献出一个房间，在Airbnb的平台进行出租，钱最后付给平台。Airbnb自己没有一个酒店，但它是全球最大的酒店管理公司。所以，好的影响力是可以带来商业价值的，它可以通过他人的力量实现自己的商业价值，就看它能不能获得他人的承诺和支持。

在职场中，我们和别人互动的时候也一样，如果你提出一个想法和建议，很多人会举手表示支持你，其他部门的人也会积极支持你。大家愿意帮你，说明你有影响力。

【成长建议】

提升职场影响力的四个方法

1. 有时间静下心来画一张"职场蜘蛛网"，测测自己的职场影响力。

2. "职场蜘蛛网"中标注加号的人脉，是你要长期巩固的优质资源，运用情感账户原理，不断建立自己的信用口碑，培养和他们之间长久稳定的关系。

3. "职场蜘蛛网"中标注减号的人脉，是你未来需要化解的可开发资源，主动找到问题的节点，学习化解矛盾的方法，把他们变为未来有机会帮助你的潜在资源。

4. "职场蜘蛛网"中标注问号的人脉，是你未来可以培养的潜在资源，多投入对他们的关注和支持，把他们培养成未来可以支持你的优质资源。

二、信任者联盟：如何获得平行伙伴的支持

作为职场新手，我们不仅要培养自己的职场影响力，获得更多上级的支持和帮助，同时也要学会在同级伙伴中获得支持，让他们也相信你的能力和人品。

我们经常忽视那些和自己差不多时间进入职场的新手。不要因为大家都是新手，觉得对方和自己一样菜鸟就掉以轻心。要知道，很多企业都有合理的年龄梯队和数量稳定的成熟员工保证企业的稳定发展，每年更新的年轻血液是企业的生机和活力所在。新员工总有一天会变成老员工，就像曾经的"90后"，将来也会渐渐成为30岁左右的社会中坚力量。所以，这些看起来和你一样稚嫩的面孔终有一天要成熟起来，经过淘汰和洗礼，成为企业发展的核心力量。所以今天你用慧眼识别出那些还是新手的"同路人"，看看哪些可能成为你将来的伯乐是最为划算的一笔投资。

虽然企业里用人情况各异，但一般来讲同年招来的新人，除了特

殊情况少有集中在某个或某些部门的，一般都会被分配到性质不同的几个部门，其中当然不乏企业发展的核心部门。如果你在这些部门中有了可靠又有发展潜力的朋友，将来的路会好走很多。如果失去这次机会，你可能和很多部门都老死不相往来。除此之外，新手们有着相似的身份和背景，特别是那些没有根基和关系，完全靠自己奋斗得来工作机会的人，工作往往更加努力用心，也更理解自身的处境。他们经历了相似的面试和考试，年纪相仿，易于沟通，又一同面临相似的工作环境，其中脾性相投者，特别容易抱团相处，不同部门之间往往也不存在直接的利益关系，这就是你潜在的人际资源库。

正常情况下，刚进公司的新手会由一个指定的老员工来带。一般来讲，领导在指定辅导新人的老员工时，肯定会把他认为工作能力强、优秀出色的人指定为辅导老师。这时候，新手和他的老师实际上便成了一对利益共同体。通常情况下，如果新人少，能带新人的老师也少，能够做老师的也是整个团队中发展潜力很大的员工。从领导的角度讲，他是希望加强该员工在整个团队中的分量。从老员工的角度讲，他也理应把你看作自己人，作为自己将来的职场筹码。所以，有时候在整个环境里，最关心你、最能帮助你的人，可能不是你的领导，而是你身边的老员工。

在《令人心动的offer》第一季中，在一次由八个新手实习生两两组合的谈判PK赛中，何运晨和李浩然由于配合默契，不仅赢得了客户的一致好评，还给带教的导师留下了非常好的印象。作为职场新人，何运晨和李浩然都有能力，有才华。在律师事务所规定八个实习生中最后只录用两个这样的竞争中，他们既是联盟，也是对手，但他们依然毫无保留地互相给予支持，在合作中不吝自己的经验和才华。最后，在律师事务所正式录用之前，导师们对每个实习生进行最后一次单独沟通，问了这样的问题："除了你，如果还要再录用一个人，你觉得谁最合适？"何运晨和李浩然都非常默契地说出了对方的名字。在这个过程中，如果我们对平行伙伴的影响非常好，不仅可以让我们向外部客户展示能力，自己也能够得到成长。因为在职场中，我们不仅要让上级伯乐给予我们更多展示自己能力的机会，还要和部门的同事，甚至跨部门的同事相互配合，只有这样，才能做好所有任务。

所以，学会与自己的新老同事和谐相处是我们进步的基础。因为这里涉及职场颠扑不破的真理：高调做事，低调做人。职场中，高情商比高智商更有用，人际关系决定一切。同事对你的评价至关重要。如果不能和他们融洽相处，将来你在整个部门的发展也会堪忧。在职场中如何获得其他平行伙伴对你的帮助呢？我（此处的"我"指作者刘荣）总结了四个策略。

（1）断舍离舒适圈，建立正向人脉圈。在职场上，要选择与那些工作态度积极正面、可以给你带来正向思考的人同行，大家彼此支持、相互赋能。要让自己远离那些经常陷入负面思考模式、总是抱怨外部环境的人。

（2）用"收集数据和证据"的模式说服别人。当想说服一个人或者想请别人帮忙的时候，一定要用数据和证据来表达你的观点。什么是数据？就是有关的数字、文字、图像，大家一看就明白的事实。什么是证据？比如用户的声音，或者领导的某一段讲话，或者谁说的一句话。在职场中想说服一个人，必须有一套逻辑，这套逻辑是用数据或证据的方式来说明，更有影响力。

（3）用"倡导益处"的方式影响别人。"倡导益处"就是清晰地表达这件事情的益处和价值（见图4-2）。要影响一个人，就要把这件事情的益处和价值先说出来。在这里要注意三点：第一，如果要影响的人的级别较低，最好谈一些和他个人有关的益处和价值，并且这些益处和价值是能够在短期内实现的，就是谈话时方向要和他个人的短期利益相关。第二，如果要影响的人在组织中所处的级别位于中等位置，和他要谈的一定是与部门或团队相关的益处和价值，而不是与个人相关的，同时这些益处和价值能够在3~6个月内实现，是与他团队相关、中期可以实现的价值。第三，如果要影响的人在组织中是级别较高的，如公司高层或者比你高好几个级别的高管、总监、总裁，甚至总经理、董事长。如果你某天在电梯里和他们碰见，或者你有机会在公司大会上发表演讲，这时你就要谈对公司、对行业的益处和价值，并且这个益处和价值的实现时间是中长期的（一年、两年或三年）。

（4）用"鼓励参与+获得美好体验"的方法让对方主动做出承诺。鼓励体验是当你说服对方的时候不要立刻向对方要一个承诺，而要邀请对方参与进来。例如，让对方列席一个会议，或者给对方相关资料让他给你一个反馈，或者你和客户在开会的时候叫上对方，让他一起参加。"鼓励参与"的最大好处就是满足人们谨慎决策的心理诉求，让对方用很少的时间成本和投入获得决策机会。"获得美好体验"就是让对方参与的时候要让他获得美好的体验，而不是不好的体验。例如，有时候去逛超市，里面很多新品柜台有试吃和试用活动的推广，如果你试了一下感觉不错，就会顺手买下这个东西。所以超市在推广新品牌的时候，用免费试吃的方式让用户投入较少的时间对产品进行体验，体验完之后如果感觉不错，用户就会很快购买。"鼓励参与+获得美好体验"有两个步骤：一是先邀请对方参与进来，二是在对方参与之前，对体验的内容一定要精心设计和策划，确保给对方留下美好的体验。例如，很多电影、电视剧在正式上映前都会给大家看一些片花，看片花本身就是一种美好体验。如果看片花感觉不错，就会花更长的时间去看电影或者电视剧。

高维影响 — **向高级别影响**：对公司、对行业的益处和价值，并且这个益处和价值的实现时间是中长期的（一年、两年或三年）

中维影响 — **向中级别影响**：与部门或团队相关的益处和价值，而不是与个人相关的，同时这些益处和价值能够在3~6个月内实现

低维影响 — **向下级别影响**：与他个人有关的益处和价值，并且这些益处和价值是能够短期内实现的

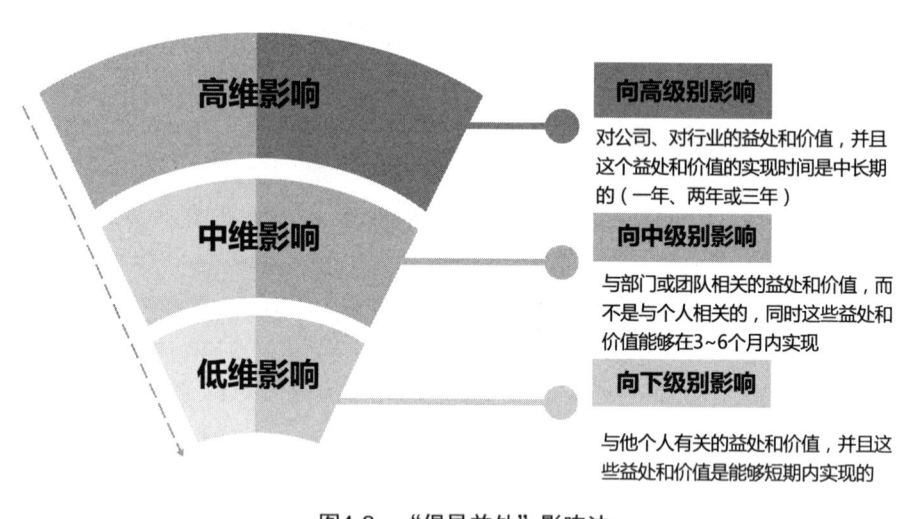

图4-2 "倡导益处"影响法

【成长建议】

职场影响的四个影响策略

- 断舍离舒适圈，建立正向人脉圈。认真观察和清点自己的职场人脉圈，做好断舍离，断开不必要的负面干扰，舍得放弃可能给自己带来负面思考的人脉，离开舒适圈，寻找可以帮助自己提升和进步的人脉资源。

- 用"收集数据和证据"的模式说服别人。在说服对方之前,先整理好数据和证据,数据胜于冗长的文字,证据胜于苍白的表达。
- 用"倡导益处"的方式影响别人。对于职场上高、中、低的不同级别,倡导益处的方式灵活调整,因人而异。
- 用"鼓励参与+获得美好体验"的方法,让对方主动做出承诺。先让对方参与时间短、没风险的美好体验,让精心设计的体验给对方带去美好感受。

三、向上影响:如何成为领导眼中的千里马

韩愈有句名言:"世有伯乐,然后有千里马。千里马常有,而伯乐不常有。"在一个企业里,知人善任的伯乐确实少有,但是更多时候,伯乐与千里马的关系是相辅相成的。不仅千里马需要培养,伯乐也是要有养成过程的。千里马希望伯乐给自己机会,反过来,千里马也要给伯乐成为伯乐的机会。所以,企业里那些真正的千里马,不要光等着伯乐来赏识他,而要懂得主动去培养自己的伯乐。

哪些人可能成为你的伯乐呢?当然是你的领导。首先,你要分辨一下,哪些领导可能是你的潜在伯乐。领导的风格和类型是多种多样的。俗话说"物以类聚",你要找到的就是能够和你"聚"到一起的伯乐。如果没有目标,不妨搜寻一下那些在工作上卓有成绩、能力很强、能够为企业创造价值的领导,或者那些交际能力突出、为同事高度认可的领导,他们就是你的伯乐。这些人的性格可能不同,但不重要,重要的是,他们代表了企业的发展方向,是企业前进的动力,他

们身上有你站稳脚跟和找准方向最需要的东西。

找到这些潜在的伯乐以后，你要找机会和他们打交道，让他们知道你这匹千里马的存在。很多人害怕和领导交流，一见领导就紧张，其实这是可以克服的，也是作为企业真正的千里马必须克服的。要让领导对你印象深刻，在不知不觉中成为你的伯乐，秘诀就在于抓住他们的"心锚"，给他们种"生死符"。

"心锚"和"生死符"是什么意思？要知道，精明能干的领导多半都是从基层上来的，他们可能有着超强的工作能力和深不见底的城府，能够轻易看出你心里的那点小九九。作为领导，他可能喜欢能曲意迎合、识相知趣的员工，但他更需要成熟稳重、工作出色的员工。新手想要有所发展，就要懂得领导在不同场合看重什么。工作上需要公事公办，你就必须伺机秀出你的实力。首先你要熟悉自己的工作，在领导深入不到的地方发挥你的主动性，这样才能在主动接触领导时言之有物，让他对你印象深刻。

有了能力做基础，培养领导作为你的伯乐还要讲究方法。这就是"心锚"和"生死符"的功效了。"心锚"是心理学上的一个概念，指的是人通过某一心情和行为的诱发而形成的一种条件反射。还记得巴甫洛夫那个著名的实验吗？他在一群饿狗前放了一块可见可闻但是够不到的肉，刺激那群狗流下大量的口水。同时，巴甫洛夫不断地摇着一个有特别音律的铃。之后他虽然取走了肉，但只要摇铃便能使这群狗流下口水，犹如肉在它们眼前似的。

"生死符"又是什么呢？对《天龙八部》大家应该不陌生。"生

第4章
为未来投资——职场影响力资产评估

死符"是小说中灵鹫宫天山童姥的一种暗器，中者求生不得求死不能，受制于他人。但是这个人人闻之色变的暗器，竟然只是一小片薄如纸的寒冰。在小说中，童姥用内力结成生死符，专打敌人经脉穴道。生死符与人体接触即溶，但上面所附的内力却侵入敌人体内，让敌人全身感到剧痛和奇痒，使人痛不欲生。

所谓抓住领导的"心锚"和给他们种"生死符"，当然不是把领导当敌人给他们制造痛苦，而是把自己的表现化为若有似无的生死符，让他们在无形之中形成对你的好印象，把你视为自己的千里马，甚至形成一种心锚的条件反射——只要有任何重要的任务和机会，他第一个想起的就是你。

总而言之，要想给你的伯乐种"生死符"，首先自己要准备好。其次，如果你没有太多机会，不妨主动一点，聆听领导的意见，主动请他派任务给你，然后客观地反馈，保持不卑不亢的态度和尊重的距离。时间久了你就会发现，只要做好自己的事，领导心里的天平就会在不知不觉中朝你倾斜。

除了可以抓着领导的"心锚"和"生死符"，在和领导沟通的时候需要掌握结构化汇报和结构化倾听的技巧。因为领导往往非常忙，所以向上沟通时，不是为了说话而沟通，而是为了解决问题而沟通。如果沟通的目的是解决问题，那么最重要的是什么？是我能够听懂那个问题是什么，对方说什么、要什么、给什么条件。听懂对方的意图，是沟通的基础。

什么是结构化倾听？就是当对方表达的时候，作为倾听者，你接收了源源不断的信息。这时候你要在脑中自动画三个格，把听到的所有信息进行分类处理（见图4-3）。第一格：对方陈述了一个什么样的事实？第二格：对方表达了一种什么样的情绪？第三格：对方期待我做出怎样的行动。所以，结构化倾听=接受事实+感受情绪+理解对方期待的行动。

事实 对方陈述了一个什么样的事实

情绪 对方表达了一种什么样的情绪

行动 对方期待我做出怎样的行动

图4-3 结构化倾听的铁三角

举个例子。你是一个客服代表，某天接到这样一个电话：客户说收到的货有破损，很生气地打电话投诉。如果笼统地听，就会被客户暴跳如雷的情绪所误导。你能做出的反应是什么？只能对客户说："您千万别生气，您别着急。"这种沟通显然没用，因为你没有听懂他真正的意思。你越这么说，客户可能越生气。

现在我们运用结构化倾听的方法试试，在脑子里画三个格：

（1）事实是什么？事实是对方收到了一个破损的商品。

（2）情绪是什么？情绪是他很生气，也很着急。

（3）他期待的行动是什么？期待我赶紧给他换货。

所以这个时候你第一时间应该做出的正确反应是，首先告诉他："我马上给您一个新的商品。"然后才是道歉和安抚情绪，这样沟通的效率就提高了。

我们按照这样的方式练习一下。某天领导对你说:"小杨,你交活怎么这么慢?"

(1)事实是什么?事实是对方觉得你的工作效率比较慢。

(2)情绪是什么?情绪是他对你的工作不太满意。

(3)他期待的行动是什么?期待你以后可以提高工作效率,尽快交活。

所以,这个时候你第一时间应该做出的正确反映应是,首先告诉他:"好的,我马上完成您交代的工作。"然后才是道歉或说明原因。

【成长建议】

向上沟通:结构化聆听三步曲

1. 第一格:对方陈述了一个什么样的事实?

2. 第二格:对方表达了一种什么样的情绪?

3. 第三格:对方期待我做出怎样的行动?

【本章小结——思维导图】

为未来投资——职场影响力资产评估

蜘蛛网图鉴：职场影响力资产评估
- 加号人脉：代表你们之间的关系不错，你找他办什么事，他都会立刻抽出时间帮你。
- 减号人脉：代表你们之间有些矛盾，你有事也不愿意找他，即便找了，他也不一定会答应。
- 问号人脉：代表你们工作上有接触，但有事的时候，你也不确定他会不会帮你。
- 加号多，你在组织中的根基深。减号多，你与组织中的人有很多矛盾。问号多，你和大家关系比较浅。

信任者联盟：如何获得平行伙伴的支持
- 断舍离舒适圈，建立正向人脉圈。
- 用"收集数据和证据"的模式说服别人。
- 用"倡导益处"的方式影响别人。
- 用"鼓励参与+获得美好体验"的方法让对方主动做出承诺。

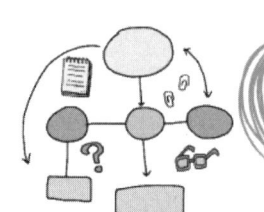

向上影响：如何成为领导眼中的千里马
- 结构化汇报：论点优先、分析问题、解决问题。
- 结构化倾听：倾听事实、倾听情绪、倾听期待。

【本章练习】构建你的职场影响力

1. 画一张"职场蜘蛛网",做关于你的职场影响力资产评估。(加号代表支持你的,问号代表不确定的,减号代表有矛盾的。)

2. 对"职场蜘蛛网"里的"加号人脉",你可以做哪些建立长期信用的行为,让他们成为能够支持你的核心资源?

3. 对"职场蜘蛛网"里的"减号人脉",你可以做哪些化解矛盾的行为,让他们成为有机会帮助你的潜在资源?

4. 对"职场蜘蛛网"里的"问号人脉",你可以投入哪些关注并做出支持行为,让他们成为能够支持你的优质资源?

第5章

跨越式成长
——在高潜的路上越走越远

第5章
跨越式成长——在高潜的路上越走越远

【铁四角的第五次聚会：梁小栋的"忙然"VS"茫然"】

忙然VS茫然

自从上次聚会完，梁小栋有了神速的进步。他开始经常参加跨部门之间的交流活动，还常把自己新学到的知识和有用的经验在团队中分享。半年后，梁小栋明显感受到自己的工作能力得到了领导的认可，个人影响力也在同事中有了提升，跨部门合作更加顺利了。

但最近梁小栋有了新烦恼，原因是领导看见他做事努力、业务能力又强，所以总安排他做一些有挑战的工作。梁小栋心里想：听说公司下半年有破格晋升骨干员工的机会，领导是不是有意栽培我，考验我是否能承担更大的责任呢？想到这里，梁小栋暗自开心，但同时也有些担忧，因为自己的工作经验有限，面对很多新挑战也没有十足的把握。

梁小栋一边想抓住新机会好好表现自己，一边心里打鼓：凭借自己平时在岗位中积累的经验，是否真能胜任更高一级的岗位呢？

回想工作一年多以来，自己好像除了本职工作，也没有接受过公司系统的专业培训，不像一些外企的同学有机会参加专业论坛和讲座增长见识，光靠自己的个人努力，好像进步的速度很有限。梁小栋有些感慨，"我想要飞得更高，可我只是一只小小鸟！"

听了梁小栋的心里话，其他三个小伙伴开始默默不语，纷纷开始联想起自己的工作，如果真的有一天公司和部门有更好的发展机会，自己是否也能够把握呢？

现在，轮到你了：

灵魂1问：你有过与梁小栋类似的想法吗？

灵魂2问：你对新的发展机会有把握不住的担忧吗？

灵魂3问：除了八小时之内的工作，你平时如何提升自我呢？

一、721成长法则，让成长变得更有节奏

相信在我们身边有很多像梁小栋这样的小伙伴，每天上班忙忙碌碌，下班也没机会充电，一天天就过去了。年复一年，突然有天公司有更好的发展机会，自己才突然意识到好像没有能拿得出手的技能和绝活，担心适应新环境和新岗位会很艰难。真是技到用时方恨少！

也有好多小伙伴觉得公司没有给自己安排系统的培训，也没机会被公司安排参加外面的学习，便觉得自己没有很大的进步和提升是因为没有机会参加培训。其实，一个职业人真正的成长取决于三个部分——工作内、工作外、专业培训，这就是我（本小节的"我"指作者马成功）要说的"721成长法则"（见图5-1）。"721成长法则"是说一个职业人的成长70%取决于自己的工作是否经常接触到挑战性的工作，20%取决于你身边让你获得成长的高手，10%才是正式的学习和培训指导。

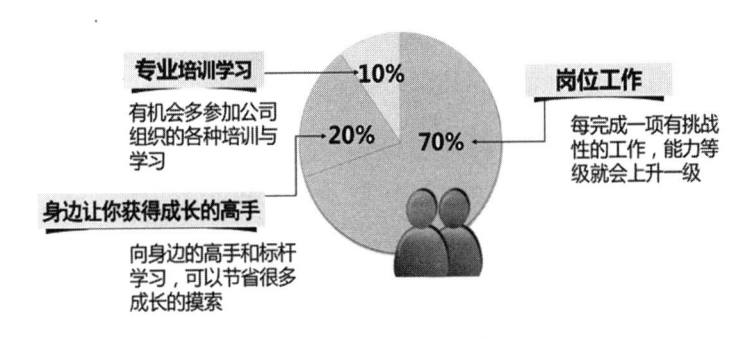

图5-1　721成长法则

职场中常常会见到这样的现象：公司对一些人很重视，给他们安排了很多培训机会，但很多时候这些培训机会没有办法覆盖公司的所有人。但是不是没有培训机会，我们就没有办法得到提升了呢？其

实，大量的职场事实说明，一个人最好的进步状态是工作中不断地挑战和解决问题过程时的自我成长。我见过很多身处职场的年轻人，他们所在的公司也没有什么完善的培训体系，没办法获得系统的培训或者专业提升，但他们作为个体依然可以成长得非常快。

在"721成长法则"里，"7"和"2"取决于你所在的组织。有个学术名词叫"连接的密度"，就是你要留意所在的组织是否有值得学习的专业榜样，或者你是否能够碰到各种各样的挑战性任务，而挑战性任务的密度越大，对你的成长帮助就越大。相反，你的公司或者身边如果没有什么高手，你也没机会接触到一些有挑战性的工作任务让你成长，只是经常重复性地加班，那你就只能吃老本。

还有一个现象，就是很多职场新人也接触了很多有挑战性的任务，身边也有一些很牛的高手，但是他本人的成长速度还是很慢，这就说明了这个人"内在的能力"的强弱，而"内在的能力"是指一个人的学习能力。学习能力很强的人会把当天接触到的人和事在下班之后做一个复盘，复盘时进行自我总结，总结自己当天做得好的几个部分，还有对自己不太满意的几个部分。对做得不太好的部分进行仔细梳理，梳理完之后对明天的工作再提一个期待，其实就是三个问题：我今天哪里做得好？我今天哪里做得不好？我对明天的工作表现有什么期待？每天都问自己一遍。如果有条件的话，还可以问问身边的小伙伴或者同事这三个问题，甚至还可以请自己领导给一些反馈。

在组织里如何才能有效倾听别人对你工作的反馈？管理人员可以组织部门的每日例会，鼓励大家及时反馈。管理人员可以利用这个机会对每个人做点评，也可以让部门成员反馈彼此在工作中发现的问题。如果有这样的组织环境就非常好，如果没有也没关系，你可以在工作中学习自我掌控，可以主动邀请一些伙伴和同事对你的工作定期进行反馈，多听外界对你的工作的评价可以帮助你进步得更快。很多时候，自我认知和他人对自我的认知可能不一致，但是只要不断接受外界的反馈，做几个月之后，你就会发现对自己的认知会越来越客观。

【成长建议】

721时间分配法运用方法

1. 职场70%的成长来自岗位工作，尤其是那些具有挑战性的工作。这就像升级打怪一样，每完成一个有挑战性的工作，你的能力等级就会上升一级。

2. 职场20%的成长来自身边让你获得成长的高手，所以及时发现身边的高手和标杆，向他们学习请教可以帮助你节省很多盲目摸索的时间。

3. 职场10%的成长来自正式的学习和培训指导，如果有好的培训机会，一定要好好珍惜和争取。

二、万物互联，建立你的成长亲友团

我们身边的职场人，有的人很幸运，很早就发现了自己的职业目标，有的人可能要摸索很长时间才找到适合自己的职业方向。我（本小节的"我"指作者马成功）算比较幸运的前者，在20年的职业生涯中很早就发现了自己的兴趣和特长。工作的第二年，我发现了一个规律，就是在工作过程中我们必须花时间做计划，在工作以外也要花时间做计划。当时，我给自己做了一个工作外的成长计划，这个计划就是要接触更多优秀的同行或接触更有价值的人脉圈，让自己经常有机会和一些高手在一起。和这些人进行交流也好，一起做公益或者参与社会活动也好，活动的形式不重要，重要的是，让自己有机会参与这些圈子，通过参加各种各样的论坛、活动去开阔眼界、扩大格局。

为什么要这样做呢？我把它称为"连接大于内容"，因为在这个过程中，你会得到更多资源，会提高自己的创造力和想象力，能够更深度地打开自己。我们经常说，一个人如果没有机会看到很多好东西，那就很难想象出来一个好东西。"读万卷书不如行万里路，行万里路不如阅人无数"就是这个道理。所以，我们不仅要花时间在公司内部的人或事上，还要打开眼界，利用好工作之外的八小时，去参加公司之外的一些圈子活动，丰富自己的阅历，让自己的未来有更多的可能性。

在工作的第三年，我有机会参加北京中关村人才协会组织的一个活动，活动让我接触到了很多优秀的同行。我们每月都组织活动，还一起参观很多互联网公司。那一年，我明显感觉到自己无论是视野、格局，还是看问题的角度都在迅速改变。我还在不知不觉中养成了一个习惯，就是每当工作遇到困难的时候，就会请教这个组织里的一些高手。那时候还没有微信，我就发邮件向别人请教，因为大家一起组织了一年多的活动，所以非常信任彼此，他们会全力帮助我，有时甚至把成熟的解决方案直接给我参考。我在这些方案的基础上再整合一些自己的想法，就能很快完成工作任务。

在职场中，你会发现有些人总是能用很短时间完成一个很难的任务，那他一定不是靠他自己，而是在他身后有一个强大的"资源库"，这就是他的"社会支持系统"。所谓"社会支持系统"，就是在自己的社会关系或者职场里有一个支撑网络，这个网络里的人在业务方面非常专业。你和他们多次接触后，你们之间的信任关系能够让你像铁甲战士那样，穿上厚厚的铁甲打败工作中的各种"怪兽"。如果没有这个社会支持系统，你就是一个弱小的个体，面对困难时很难自己闯过去。

我认识一位在人力资源部工作的"95后"小伙伴，每次部门经理交给他一些组织工作，他都能很快地调动资源完成，而且参与的同事对活动的评价总是非常高。有次他在例会上说，因为自己有个同学在一家教育咨询公司做业务顾问，周末经常带他去参加一些公司的沙龙活动。在参加活动的过程中，他经常观察这些大型活动、沙龙或者论坛的组织方式，还经常主动请缨，在不知不觉中积累了很多组织活动的经验，也认识了很多有价值的人脉。这些活动的经验拿回来用在自己部门里，高效又顺手。而且当他遇到疑难问题向一些专家请教时，也总得到很多高效解决问题的好建议，比他自己摸索快多了。

【成长建议】

1. 连接大于内容。在八小时的工作之外，多加入一些有专业人士的圈子，一起做什么不重要，重要的是，在这个过程中开阔你的视野，打开你原有的格局和思维。

2. 建立成长亲友团。为彼此提供信任和价值尤为关键，信任的建立源于长期的合作，所以给自己一些时间去坚持，在有影响力的圈子里慢慢成长。

3. 建立自己的口碑。可以把自己的专业经验和成长心得在一些平台上定期分享，慢慢建立自己的专业口碑和品牌影响力。

三、从叶到树，让碎片学习成为体系

对于职场新人来说，他的成长速度不仅取决于八小时内的工作，更取决于八小时之外的自我学习。目前的互联网环境使得很多人偏好碎片化的阅读，有人选择利用八小时之外的空闲时间刷剧或者玩游戏，也有人在八小时之外学新的技能。在这里我（本小节的"我"指作者刘荣）分享两个利用碎片化时间完成自己职业跃迁的故事。

我身边有一位"80后"的职业经理，她日常的工作非常忙，每天回到家还要辅导两个小朋友的作业，可她竟然先后取得了人力资源高级管理一级证、高级管理咨询师证、绩效改进师证等，还用自己的工作实践经验开发完成了系列薪酬管理培训课程，现在每周都被深圳的专业培训机构邀请讲课。这些到底是怎么做到的呢？原来从2012年至今的九年的时间里，她每天都会早到公司一小时坚持学习。为什么会每天早到公司一小时呢？因为她每天早上八点开车送完孩子上学就来上班，而这个时间大家都还没上班，也没什么事务打扰她，她就利用这一小时的碎片时间坚持学习。九年时间下来，她通过每天的一小时碎片化时间学了很多专业知识，通过了多种资格考试，让自己在行业中有了更核心的竞争力。

对于初入职场的伙伴，除了利用下班后碎片化时间学习的方法，还可以建立自己的"知识树"学习模式。什么是"知识树"呢？就是先确定一个大的学习专题，然后把它拆分成一个个小课题，现在已经有这样的"一体化在线学习"的成熟平台。我们平时可以把一些工作中的小技巧拍成微视频，再配上一些剧情或背景音乐或表情包，积累多了就会慢慢形成自己的知识或技能体系。在这个过程中，我们可以不断地梳理自己的工作，慢慢总结出一套体系。所谓高手，就是把复杂的问题简单化，用几个简单的步骤和动作就让你立刻明白其中的奥妙和原理。

我们也可以在抖音、快手、视频号上建立自己的圈子，这些圈子其实就是你的支持网络，让大家跟你有更多的连接，这就是"社会共同体"。"社会共同体"意味着这个社会有无限连接的人都可以找到你。你也可以随时随地在微信上用讯飞语音把自己有价值的想法和工作思路记录下来，即时转成文字，时间长了也可以慢慢沉淀出自己的一个知识体系。在这个过程中，你也许一开始只能看到一些单独的树叶，但一片片树叶积累多了，就会慢慢形成树干，树干有了，就会慢慢形成一棵树。很多时候，知识体系就像一棵树，只有慢慢积累、归纳总结，才会整理出属于你的知识体系。

【成长建议】

1. 利用上下班的路上时间，建立碎片化学习习惯。

2. 每年列一个新目标，拿下一个专业认证或学习一项新技能。

3. 建立自己的体系树，把碎片化的知识逐渐积累成模型。

四、一技多能，从T型人才走向π型人才

现在整个行业和整个时代都存在着很多不确定性，很多职场人士都有这样一些担忧。例如，从事银行柜员的伙伴非常担心未来银行的柜员被人工智能所取代，如果这样的情况成真，自己在这个行业和岗位所积累的所有经验会不会付诸东流？未来自己应该有什么样的新的职业发展呢？

传统上职业发展被称为T型人才发展，即个人通过学习深入一个专业领域，但随着新经济时代的发展，更多职场发展的不确定性让我们开始思考：除了一技之长外，随着社会环境和组织需求的不断变化，我们要不要培养自己的一些横向技能呢？

学者帕特里克发现职场人需要建立两个深度知识领域，并在其他领域积累一定的知识，这样职业发展才会更平衡。帕特里克觉得职业人不应该只具备一个领域的专业知识，两个领域的专业知识会为你提供更多的选择和灵活性，所以在现代经济中培养第二技能，对于职业

人是必要的，它给我们提供了更多选择和更大的灵活性。当然，如果你已经掌握了一项强大的、难以获得的职业技能，如医生，那你就不要轻易改行去掌握另一项同样困难的技能。但是无论你的第一技能是什么，都可以通过掌握第二技能为自己提供保护。不要在另外一个领域内浅尝辄止，因为第二技能既可以补充第一技能，也可以在个人情况发生变化之后作为替代。

帕特里克指出，世界是瞬息万变的。企业一直在缩减规模、裁员重组和外包，在这种新型的现代经济中，你不能只具备一项生存技能，拥有两项技能为未来做好准备是件好事。例如，那些在银行工作的人对特定的工作类型或软件类型的使用方法有深入了解，但如果这种特定的金融产品或工作变得过，他们就面临着出局。在动荡的银行业，如果一位银行高管未能实现销售目标，他可能就是第一个被解雇的人。所以，后备技能是至关重要的。

我（本小节的"我"指作者刘荣）身边的"90后"小伙伴青扬在大学所学的专业方向是策划，毕业后在一家公司做企业策划。工作一年后，青扬觉得平时的工作不是特别忙，业余时间完全可以拓展一下自己的职业维度，于是她就想利用业余时间自学项目管理。当时有很多同事很不理解，觉得项目管理和策划方向好像八竿子打不着的关系。周围的伙伴看见青扬每周末都要参加培训，下班后又要复习考试，觉得她太辛苦，还不如和大家一样晚上刷手机追剧，周末一起逛街玩桌游。但青扬觉得任何工作都需要项目管理的思维，趁现在有时间应该多储备一些新技能，没准以后会有勇武之地，所以一直坚持学习。

最终，青扬通过考试拿到了PMP证书。后来她所在的公司被一家公司收购，很多部门需要重组，很多同事都不知该何去何从。青扬因有两年的工作经验，又有了PMP证书，很快跳槽到了另一家很不错的公司做项目管理，顺利度过了一次职业危机。有了这次经历，青扬更加注重八小时之外的学习。她现在利用自己的业余时间学习了很多新技能，比如短视频拍摄、游戏化剧本杀设计、情景剧小魔术等。别人说，你是要做"斜杠青年"吗？用这些技能赚钱吗？她总是笑笑说：技多不压身！

在2020年全国蜂巢职业讲师的直播中，青扬作为"90后"新生代代表分享了游戏化剧本杀的设计理念，当晚受到了很多专业人士的追捧，很多专业讲师纷纷主动加她的微信，向她请教学习。青扬这次直播"一战成名"，给公司的产品带来了很好的宣传效应，也给自己创造了影响力和专业口碑。在2021年蜂巢俱乐部举办的千人线上迎新晚会上，青扬又利用自己业余时间学习到的小技能，用"情景剧+魔术表演"的方式做了一个微视频，又一次成为迎新晚会的热点。

通过这两次的精彩表现，青扬赢得了国内新生代专家的青睐，目前与他们的团队一起合作国内"95后"成长游戏化系列课程设计，为公司开发了新的项目，她也成了这个项目的核心骨干。青扬常说："年轻的时候，一定要学习更多的技能，你身上的技能越多，未来在职场上发展的可能性也越大。而且每学习到一个新的东西，你身上的能量就会更多，会影响更多的人。"

像青扬这样一专多能的职场人士，就是典型的π型人才。π型人才就是两条腿走路，额外的这条腿不是凭空说出来的，而是在自己原本的优势领域上延续出来的。例如，你现在做的是柜员，一定在数字的敏感度和客户接待等方面积累了经验，所以未来即便不再做柜员，做一些跟数字或者跟人打交道的工作一定比别人更加顺手，职业转换也会更加容易。例如，你做培训，表达能力很好，公众呈现力也很好，未来即便不做培训，做一些和公众表达与沟通相关的工作，转化速度也会非常快，而不用仅仅局限在一条跑道里。在培养第二技能的过程中，我们更加看重的是在一个行业或者一个领域内的精耕细作，在这一过程中你不仅提升了专业技能，更重要的是提升了你的思维方式，学习到了一套好的思维方式或工作模式，而这种工作模式能够使你在未来即便转换了岗位也可以继续使用。

【成长建议】

1. 在工作经验相对充足后，可以在第一技能上培养自己的第二技能。

2. 第二技能是在第一技能的基础上延续的，所以要清楚第一技能的核心优势是什么。

3. 当我们掌握了一套好的思维方式或工作模式时，在任何岗位上都可以持续使用它。

【本章小结——思维导图】

跨越式成长——在高潜的路上越走越远

721成长法则，让成长变得更有节奏
- 职场70%的成长来自岗位工作，尤其是那些具有挑战性的工作。这就像升级打怪一样，每完成一个有挑战性的工作，你的能力等级就会上升一级。
- 职场20%的成长来自身边让你获得成长的高手，所以及时发现身边的高手和标杆，向他们学习请教可以帮助你节省很多盲目摸索的时间。
- 职场10%的成长来自正式的学习和培训指导，如果有好的培训机会，一定要好好珍惜和争取。

万物互联，建立你的成长亲友团
- 连接大于内容。在八小时的工作之外，多加入一些有专业人士的圈子。
- 建立成长亲友团。为彼此提供信任和价值尤为关键，信任的建立源于长期的合作，所以给自己一些时间去坚持，在有影响力的圈子里慢慢成长。
- 建立自己的口碑。可以把自己的专业经验和成长心得在一些平台上定期分享，慢慢建立自己的专业口碑和品牌影响力。

从叶到树，让碎片学习成为体系
- 利用上下班的路上时间，建立碎片化学习习惯。
- 每年列一个新目标，拿下一个专业认证或学习一项新技能。
- 建立自己的体系树，把碎片化的知识逐渐积累成模型。

一技多能，从T型人才走向π型人才
- 在工作经验相对充足后，可以在第一技能上培养自己的第二技能。
- 第二技能是在第一技能的基础上延续的，所以要清楚第一技能的核心优势是什么。
- 当我们掌握了一套好的思维方式或工作模式时，在任何岗位上都可以持续使用它。

【本章练习】如何在职场中实现跨越式成长

1. 721成长法则的"7"：你在职场里是否经常接触到有挑战性的工作？

   如果常有，如何提升自己？如果没有，如何创造机会？

2. 721成长法则的"2"：你身边有没有让你获得成长的高手？你是如何向他们学习的？

3. 721成长法则的"1"：你有机会参加公司正式的学习和培训指导吗？你是如何利用机会提升自己的？

4. 成长亲友团：在你身边有没有成长亲友团？（写出亲友团中两三人的名字和你们定期参与的活动。）

5. 碎片化学习：你平时有在业余时间进行碎片化学习的习惯吗？（写出两三个你常学习的音频或者视频。）

6. π型技能发展：除了自己的第一技能，你是否有第二技能可以发展？（写出你可以培养的第二技能。）

快手竞技

超级玩家：我的工作我做主

纵横职场：升级打怪，能力跃迁

玩有引力：四轮驱动，游戏激励

游戏驱动力——用升级打怪实现能力跃迁

职场黑科技——高效办公/自动化指南

高手养成，一次做成绝不返工

熟手锤炼，一键生成幻灯片

快手蜕变，批量完成文件整理

飞轮效应：从1到N，靠资源

3CP原型：从0到1，靠自己

小米方法论：专注、极致、口碑、快

敏捷工作法——小步快跑+敏捷迭代

超级玩家

打怪高手

绝不返工

飞轮效应

小米方法论

一键生成

第6章

敏捷工作法
——小步快跑+敏捷迭代

第6章
敏捷工作法——小步快跑+敏捷迭代

091

【铁四角毕业后的第六次聚会：梁小栋的快速成长】

> 如果我有一个非常好的想法，我到底是被动等待，还是小步快跑，大胆尝试呢？

敏捷工作

梁小栋经过了一段时间的跨越式成长，学会了在工作上勤于思考，碰到一些问题也会积极主动地向身边的大神请教。他还利用下班的碎片时间积极充电，无论在个人能力还是思维格局上都有了显著的提高。在最近的一次部门先进员工的评选中，梁小栋当选为明星员工，成了公司储备干部的候选人。

梁小栋在最近的工作中有很多新的想法，他觉得这些想法会对部门的工作质量带来很大的提高，便积极地与领导进行沟通。领导对梁小栋大胆创新的想法也很欣赏，但觉得这些建议如果真的实施起来难度很大，加上近期业绩压力很大，领导一心想着如何冲业绩，短期内没有精力去实施这些新想法。部门的其他同事看领导这样，也都处于观望的态度。梁小栋觉得自己的这些好想法就这样被搁浅了，整个人变得郁郁寡欢。

这次聚会，梁小栋把憋在心里很久的这个困惑说给三位伙伴听，想让大家给出建议：当你自己对工作有非常好的创意和想法时，如果暂时没机会获得上级的支持和大家的帮助，你是在原地被动等待，还是利用手头的资源开始进行尝试呢？

现在，轮到你了：

灵魂1问：你有过与梁小栋类似的经历吗？

灵魂2问：你对工作有好的点子和创意时，会如何争取周围人的支持？

灵魂3问：如果你的想法暂时没有得到组织的及时支持，你会被动等待，还是大胆尝试？

一、小米方法论：专注、极致、口碑、快

初入职场的年轻伙伴，需要掌握一个高效的工作方法，那就是敏

捷工作法。敏捷工作法最早起源于硅谷，《敏捷创业》这本书里有关于敏捷工作法的概念和方法论。硅谷是全球拥有最好公司的地方，其中最优的敏捷工作法也诞生在硅谷。敏捷工作法的核心是不断迭代，它不提倡"一步到位"，提倡通过不断地调整和适应逐步达到目标。敏捷工作法包括两个点：最小可交付和持续迭代。在早期给需求方看到的最初级的版本，也就是"最小可交付1.0版本"，它要拿得出手，不要过于复杂，然后寻求对方的反馈，不断进行迭代，就是一次比一次更好地进行交付。这样就在正确的方向上不断前进，完成质量非常高。

敏捷工作法告诉我们，每一个员工碰到问题的时候，不是等待别人的资源，而是靠自己手边有限的资源就可以以小步快跑+敏捷迭代的方式解决问题（《高效能人士的七个好习惯》里谈到影响圈和关注圈，而职场中的人需要关注的是我能影响什么，而不是考虑我关注什么和期待别人改变什么）。"小步快跑"是指基于手边的资源做事情，不需要别的资源，根据手边资源就可以快速行动，小步快跑开启行动。"敏捷迭代"是指你做出东西后，慢慢就会有口碑，就会有人评论你的东西好或者不好，你根据自己的判断可以进行快速调整，而当你的工作成果越来越明显的时候，就会引起组织内部很多人的关注，这些关注就会把周围人的资源也搅进来，就像飞轮一样。有一个创作团队叫新飞轮，这个团队能够把别人的资源也搅进来，这是敏捷工作法的一个核心。

敏捷工作法的另一个核心，可以参考小米的案例。雷军写了一本书，名叫《一往无前》。书中介绍了雷军当初创业的时候非常重要的一个方法，即七字口诀——专注、极致、口碑、快。在成立小米公司的前两年，雷军已经为小米确定了这种未来工作的方法，专注、极致、口碑、快就是创业方法的浓缩，小米的成长和发展都是以这七个字为核心的。

专注不是一辈子只做一件事，而是在某一段时间里只做一件事，这是对运筹学的一种活用，也是小米的处世态度。正如人们常说的"大道至简"，唯有专注才能达到极致。比如"永"字八法，即学习书法的人只需要练习一个"永"字就能将其他字也间接练习到。为了探究"专注"的奥义，雷军特意拿小米和苹果及其他手机厂商做了对比，得出这样的结论：苹果的成功在于专注——做好一个东西比做好两个东西更难。当小米第一代在市场上热卖时，有人建议雷军趁这个机会再推出几款机型，拉更多用户"下水"。雷军却保持了冷静，他说："到目前为止，苹果只做了两款产品，一个是iPhone，另一个是iPad，iPhone和iPad占据了苹果75%的营业收入。苹果这些年只推出了五款手机，就连颜色也十分单一，但是苹果却成了世界上最贵的公司。"所以在小米手机的功能开发上，雷军也强调专注一些主要功能。曾经有人提出小米手机是否要做双卡双待，雷军认为暂时不必考虑，要先做好用户体验，这一思路避免了小米在业务和市场的开拓中走弯路。

极致是小米的精神境界，只有以完美为目标，才能奔跑得更远，将对手远远甩在身后。当小米手机横空出世又嗷嗷待哺时，赶上了国内各大品牌进行的混战，不少互联网企业也过来分一杯羹，或者跨界做手机，或者投资给别人做手机，玩得不亦乐乎。为了让小米在残酷的竞争中得以存活，雷军以苹果的极致精神给小米规划了发展路线：用移动互联网做手机，做到极致，以不能复制和替代的核心竞争力击败对手。小米一年只专注做一款手机，并且严格把控产品质量，成为最后的赢家。

口碑要怎么获得呢？你做了一种产品，当这种产品刚出来的时候可能会收到一些差评，招致一些人的吐槽或者攻击，周围会出现很多不好的声音，但是有了这些口碑之后，你就能够快速地改进。首先出现负面口碑，引起快速迭代，之后又产生新的口碑（这些新口碑有可能也是负面的），再进行快速迭代，这种方式叫"唯快不破"。快速改进产品原有的缺点，在持续改进的过程中就会出现正面口碑，在正面口碑出来之后就可以对产品进行大批量生产。

快是小米的生存法则，当快到"佛山无影脚"的地步时，对手就只有挨打的份儿。雷军说："产品一出就要能秒杀对手，这样才有意义！从来没有人看到小李飞刀是怎么飞出去的，因为见到的人都死了！"在小米手机进入试用阶段时，雷军要求团队第一时间和米粉们进行交流并快速对产品进行优化。在MIUI开发的过程中，小米的工作人员天天盯着论坛，查看有没有新问题出现。通常，这需要耗费两天的时间，而开发和测试加起来又需要四天的时间，因此MIUI的每次更新只需要一个星期就能完成。雷军让小米"超速行驶"却又能避免"交通事故"，将很多竞争对手甩在了身后。随着小米手机在市场上不断走俏，可爱活泼的米兔也成为小米的虚拟代言人。对此雷军还做了解释："它叫雷锋兔。你们知道为什么这么叫吗？因为它是雷军做的手机品牌。那为什么选择兔子代表我们的企业呢？因为天下武功，唯快不破，我们强调快，兔子是跑得最快的。"

"专注、极致、口碑、快"这七字口诀也可以用在我们的职场中。专注就是我们在一段时间内尽量把一件事情做好、做到极致。有的时候，你有了一个不错的创意或者想法，但不知道该怎么做，甚至领导和相关部门也不支持你，一种方法就是被动等待，等待的最后就是机会都给别人了。另一种方法就是实践小米的七字口诀，哪怕心中只有个模糊的东西，也要先开始行动，东西做出来之后有可能出现差评，但你无所畏惧继续快速改进，在持续改进的过程中一定会逐渐出现正面评价，这就是一个你可以锁住的拐点，然后再在这个正面评价出现的拐点之后不断完善这个想法并采取大量行动。

小米工作法告诉很多人，小米的成功其实不是靠别人，而是靠自己，靠专注、极致、口碑、快的工作理念，才有了最后的成就。

【成长建议】

- 专注：一段时间尽可能只选择做一件重要的事情，过多的选择和方向会消耗能量。
- 极致：把每项工作尽可能地做到极致，只有极致才有可能产生好的口碑。
- 口碑：任何正面口碑产生之前都会有负面口碑，但你如果没有前期的行动，以及收到负面口碑后的不断改善，后面就不会有正面口碑。
- 快：天下武功，唯快不破。

二、MVP原型：从0到1，靠自己

最小化可行产品（MVP，Minimum Viable Product）在《精益创业》一书中是一个很重要的概念。企业需要先预设一款产品有某种功能，可以解决用户的某种需求，然后在开始运营这款产品之前，再次验证用户对它的需求，这样的尝试，就是"从0到1"的过程。硅谷地区的苹果和惠普在创业初期都运用了类似的理念。惠普的小木屋是硅谷的精神。其实无论是惠普还是苹果都是用车库里的一些零配件，在简单的工作环境中做出他们心目中的电脑，那是一个最粗糙的低成本的原型。

MVP这一概念告诉我们，当你有一个模模糊糊的想法时，需要先把它做成一个最低成本的模型。在这个阶段，领导不一定会支持你，你也可能有各种抱怨，但你实现了从0到1阶段的尝试。闪送的创始人开始也是模模糊糊有实现同城快速配送的想法，然后他就在朋友圈里发了一条信息："我有一个商业构想，用最快的时间给你送一个重要的东西，地址可能在国贸或者三里屯等。你有任何类似这样着急的需求，想要给同城的人送东西都可以联系我。我会亲自上门取件，保证在你想要的时间内送达，在对方收到东西后每单我收60元。"结果在信息发出去的当天下午他就接到了三单任务。他发现真的有人愿意为同城送物付费。有了这个需求，就有了从0到1的证明。用很低的成本在很短的时间，完全靠自己就实现了这个想法。至于后面的发展，有可能靠复制，有可能扩大系统，之后慢慢地它就变成现在大家都知道的闪送公司。

从0到1的过程需要勇气，因为这时你没有任何资源可以依靠。比如微信红包，微信团队有个员工当初想开发微信红包的时候，他没有跟领导说，公司也没有立项，而是私下约程序员聊了自己的想法。他用晚上的时间将大家聚在一起，在聊天的过程中大家觉得这个想法不错，就一起用两周时间帮忙设计和完善这一思路，然后放在一个小范围的平台上测试用户的反应。这种方法属于灰度发布，即不是在公司官网平台正式发布的。在用户尝试的过程中，再推出一些新的功能，这些功能公司也不做宣传，只是让用户去体验，体验完了从后台数据看用户使用的情况，有没有人用这个功能，用完之后有没有口碑。在这个过程中，公司的官网不会宣传，就靠大家口碑。腾讯用灰度发布去识别用户需求，发现微信红包在春节前后三天带来了几种达标用户，因为这个非官网平台的灰度发布，微信红包这一功能才被大众广泛使用。

所以对于很多职场的年轻人来说，当你有好的想法和创意时，不一定要公司投入很多的资源去支持，而可以利用身边的资源在小范围内进行尝试。如果在尝试中口碑效果好，有很大的升值潜力，自然就会吸引更多资源支持你。

【成长建议】

- 先投入有限的资源做小范围的尝试，在过程中产生效果吸引更好的资源。
- 当你的尝试取得好的效果后，就会吸引更好的资源帮助你走向成功。

三、飞轮效应：从1到N，靠资源

星星之火，可以燎原。MVP强调的是从0到1的阶段不求助他人，关键靠自己。从1到N的阶段里，最核心的能力就是你能不能把身边的人和资源都拉进来，这就要看你的资源整合力。资源整合力就是建立更好的人脉和更好口碑的裂变，从而让你能够接触到更多贵人，让自己的想法更快速地实现，有了这些贵人的帮助或者提点，你可能很快就能达到职场巅峰。

很多职场的年轻伙伴从0到1的阶段做得很好，但总是恃才傲物，觉得自己有才华、有能力，公司就应该理所当然地支持他，别人就有义务去帮他，所以失去了很多被伯乐帮助的机会。我们在职场中常会见到这样的现象，你给一项工作贡献了非常好的点子，但到事情完成的时候，大家可能都不记得这件事情是谁做的了。大家不记得当初是谁提出了非常好的创意，只记得这件事情影响了很多用户，可能大家都是从0到1的那个人。有的伙伴当初出了创意，或者过程中做了贡献，心里可能会有些不平衡，想以后还要不要贡献自己的想法和创意。但如果想取得更大的成就，我们就要学会分享，把好的观念和想法分享出去，最后让市场反馈、数据、更多人使用的口碑来证明这件事情对不对。

如果你运气好，公司还记得当初贡献想法的人是你，就会在你提出想法的时候看到你的价值。如果你运气不太好，遇到了一个不好的公司，有可能没有人感兴趣或者重视，又或者大家忽略了你提的那个想法，但是你依然要在内心给自己一个大大的赞，因为在这个过程中你的技能和影响力都得到了提升，这就是最宝贵的财富。拥有了这些无价的财富，未来在任何一个平台做事，你总会被更多的人所了解。这个过程会让你不断增强自信，因为除了这些想法，接下来你一定还会有第二个、第三个、第四个好的想法，这些想法会让你闪闪发光，被更多的人看到。

所以，从0到1的阶段，最怕的就是我们不去尝试和行动，或者做了之后埋怨世界不公；或者我们把1做出来后，藏着掖着不去分享，担心一旦分享出来，最后没人记得是你提出的想法和点子。我们看到的不应该只是在某个项目中单独的一个功劳，而是在这个过程中你获得的巨大财富，那就是你的能力、影响力都得到了质的飞跃。

从1到N的阶段还有一个方法叫"橄榄球模型"（见图6-1）。我（本章的"我"指作者马成功）工作了20多年，在后面的10年才认识这个模型的价值，我也是靠这个模型完成了一些非常重要的工作。"橄榄球模型"是指我们在影响和说服他人的时候，身边的人可以分为三类。

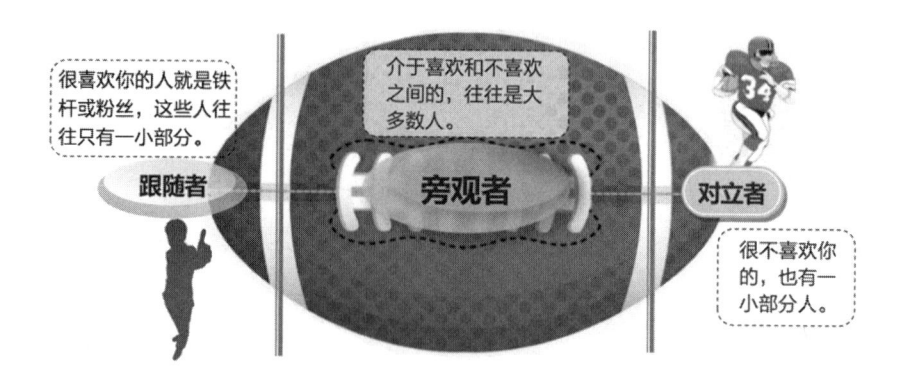

图6-1 橄榄球模型

1. 很喜欢你的人就是铁杆或粉丝，这些人往往只有一小部分，他们是你的跟随者。

2. 很不喜欢你的，也有一小部分人，他们是你的对立者。

3. 介于喜欢和不喜欢之间的，往往是大多数人，他们也是随大流的旁观者。

这三类人的比例就像橄榄球一样，中间大，两头小，跟随者和对立着都不会太多，最多的是旁观者。

橄榄球的第一部分是你的跟随者，他们最可能去推动更多的人关注你。所以你要想影响或者说服别人的时候，最好的方法是去找中间人。因为影响关键部门的领导平时很忙，尤其是组织中的高层领导，他们对于新事物其实并不是很感兴趣，因为他们的工作太忙了。所以你如果跟他们说，你有个很好的想法，他们对这些新事物可能会本能地拒绝。所以如果你试图自己去影响他们的话，其实没什么效果。应该怎么去做呢？首先要从你身边的跟随者入手，你在组织里总会和他人进行一些合作。例如，某个培训班的同学、同一小组的同桌、某个活动中比较赏识你的人等，你都可以把他们算作铁杆或粉丝。你可以先跟这些人展示和分享自己从0到1的成果，让他们有所感受和体验。当你不断影响这些人的时候，他们也会在自己范围里慢慢扩大影响。

谷歌的一个影响力经验数据显示了这样的规律，就是当你想让更多的人支持你时，只要这个人群基数的比例扩大16%，就会吸引和影响更多的人支持你。这个数据告诉我们，当喜欢你的人低于16%的时候，很多人不愿意公开表示支持你。当喜欢你的人高于16%的时候，很多人会愿意在公开场合表示支持你，帮助你做口碑。例如，在朋友圈帮你拉票、分享你的文章等，因为如果喜欢你的人比较多，大家会愿意让别人知道我跟他是很好的朋友。

橄榄球的第二部分，就是中间部分的人，他们都是被16%的"跟随者"影响和拉动进来的，当他们知道其他跟随者都在说哪种工作方式、哪种模型好的时候，就会自动跟风。所以，我们通过小范围的实验要先找到自己的铁杆或粉丝，他们有可能在团队中很弱小，但只要量足够多，多到16%，它的势能就会出来，有了这16%你就可能改变世界。

橄榄球的第三部分就是不喜欢你的那部分人。这部分人就不用管了，因为他们影响不了大的趋势。同时，当橄榄球的中间部分越来越大时，他们也会受到冲击和影响，可能慢慢转变或者跟风成为橄榄球中间的那部分。

【成长建议】

1. 跟随者：很喜欢你的人就是铁杆或粉丝，这些人是需要你优先影响的。

2. 对立者：很不喜欢你的，也有一小部分人，你不必影响这些人和改变他们的想法。

3. 旁观者：介于喜欢和不喜欢之间的，往往是大多数人。当跟随者达到16%时，这些人自然会跟随你。

【本章小结——思维导图】

敏捷工作法——小步快跑+敏捷迭代

小米方法论：专注、极致、口碑、快
- 专注：在一段时间里尽可能只选择做一件重要的事情。
- 极致：把每项工作尽可能地做到极致。
- 口碑：行动→负面口碑→改进→正面口碑→将产品进行大批量生产。
- 快：天下武功，唯快不破。

MVP原型：从0到1，靠自己
- 先投入有限的资源做小范围的尝试，在过程中产生效果吸引更好的资源。
- 当你的尝试取得好的效果后，就会吸引更好的资源帮助你走向成功。

飞轮效应：从1到N，靠资源
- 跟随者：喜欢你的人就是铁杆或粉丝，这些人是需要你优先影响的。
- 对立者：很不喜欢你的，也有一小部分人，你不必影响这些人和改变他们的想法。
- 旁观者：介于喜欢和不喜欢之间的，往往是大多数人。当跟随者达到16%时，这些人自然会跟随你。

【本章练习】利用敏捷思维对自己日常的工作进行再梳理

1. 小米工作法：用小米工作法对自己目前的工作做个简单描述和评价。

   - 专注：
   - 极致：
   - 口碑：
   - 快：

2. MVP概念应用：当你在工作中有一个好的想法时，你愿意分享和尝试它吗？为什么？

   - 愿意：
   - 不愿意：

3. 橄榄球模型：写出你在组织里，影响以下人员的方式和优先顺序。

   - 跟随者：

   影响方式：

   优先顺序：

   - 对立者：

   影响方式：

   优先顺序：

   - 旁观者：

   影响方式：

   优先顺序：

第7章

职场黑科技
——高效办公自动化指南

【工作量越来越大了：严小从开始做助理工作】

懂了职场黑科技，办公效率高多了，我终于不当加班狂魔了！

职场黑科技

严小从的部门最近来了一个新领导吴总，吴总以前在咨询公司工作，总是穿着整洁的衬衫、笔挺的西装、锃亮的皮鞋，摆出一副严肃的表情，一看就是个对下属要求严格的上司。严小从被安排做了吴总的助理。

一、快手蜕变，批量完成文件整理

自从做了吴总的助理以后，严小从的日子就不好过了。吴总习惯在准备好了充分的数据和资料后，才提出观点和结论。这可累坏了严小从。这不，吴总给了他几十份电子文档资料，有Excel表格、Word文档和PPT演示文稿。

吴总说："这些材料下周开会要用到，请把图片、文字分门别类地整理一下，顺便帮我做个幻灯片吧。"说完，吴总就开会去了。

看着屏幕上那几十个文件，严小从露出了一丝苦笑，开始一点点整理。一会打开一份幻灯片，把一段段的文字粘到Word文档里，再选中一张张图片，右键另存到文件夹。不知不觉已经到了下班的时间，严小从的眼睛快花了，而几十份文件还没整理完。想到未来几天还是这样的日子，他已经要崩溃了……

这时，吴总也要下班了，看到忙得满头大汗的严小从，关切地问："小从，怎么还不回家？"严小从说："我活还没干完，弄了一天才整理完了几个，刚把图片和文字分开存放。我加会班再走。"

吴总说："哦，看来工作量有点大了，我来帮你看一下。"他接下来的操作让严小从终生难忘。只见吴总把一个.pptx的文件的后缀改成了.zip，Windows系统提示如图7-1所示。

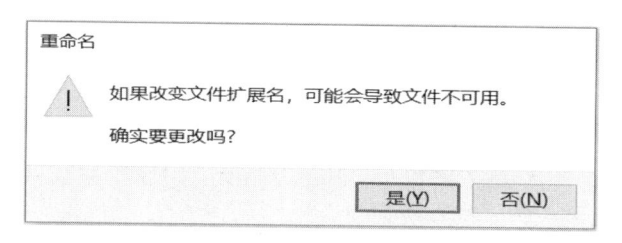

图7-1　系统提示示意图

吴总点了"是"按钮，然后文件图标变成了压缩包的样子。接着点右键，选择"解压到当前文件夹"（见图7-2）。

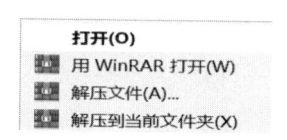

图7-2　操作示意图

吴总打开解压后的文件夹，在ppt/media的路径下，所有的图片文件都呈现在了这里（见图7-3）。

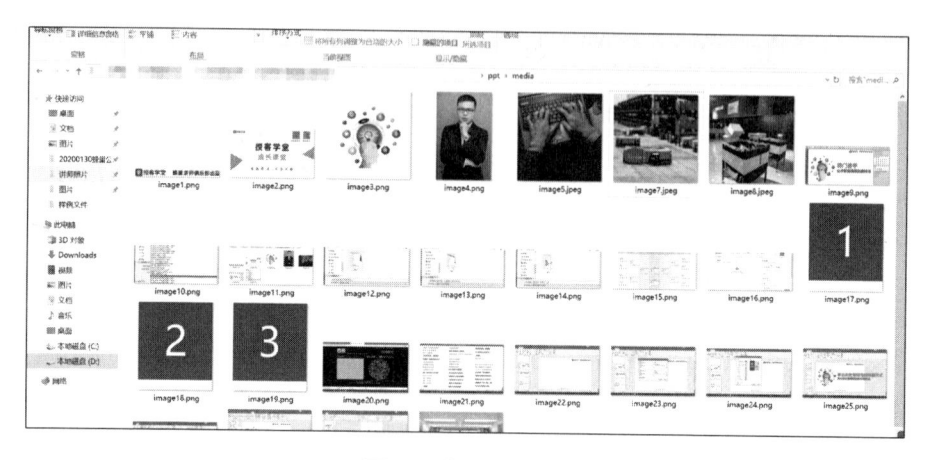

图7-3　操作效果图

"天啊，这个幻灯片我整理了一小时才获得了所有图片，你才用了几秒钟。"严小从被惊呆了。

吴总笑笑："这其实不难啊，Office的文件，本质就是压缩包，解压后只需进行一次性抓取就完事了。"

"图片是一次就获取到了，那文字怎么办呢？"严小从问。

"这个就更简单了，先把文件还原回去"，吴总将刚才的.zip后缀的文件名，又改回了.pptx，于是幻灯片的文件又回来了。然后吴总打开幻灯片，点左上角的"文件"，然后点"另存为"，在"另存为"页面中，点开了侧面的下拉框，在下拉框中选择"RTF格式"，于是，桌面上就生成了一个RTF文档（见图7-4）。

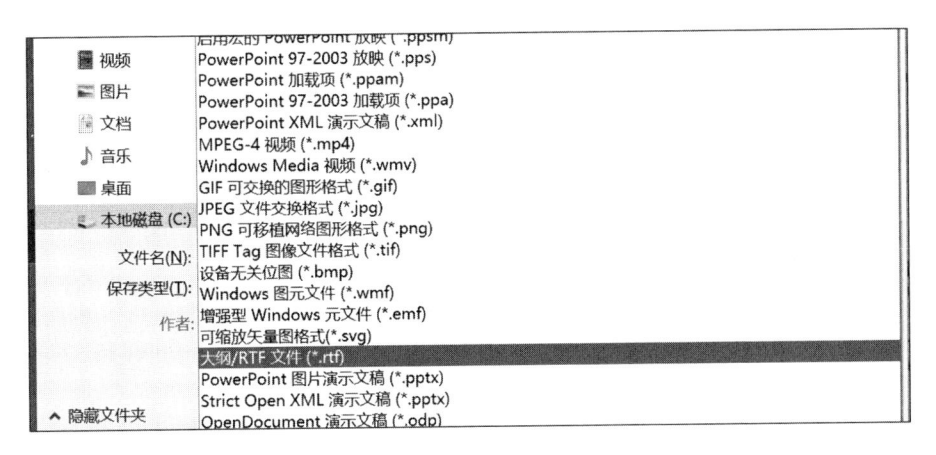

图7-4　RTF文档示意图

接着，吴总双击RTF文件，这个文件就被Word文档打开了。果然，幻灯片中的文字都出现在了里面。

严小从佩服得五体投地。他忙了一天的事情，居然被吴总不到一分钟就解决了。这个工作效率，实在是太高了。

"对了，写在图形里的文字、SmartArt里的文字，以及表格中的文字，无法用这个方法获取，单独处理一下就好了。"吴总提醒道。

"嗯，我也发现了，不过这样已经解决了绝大多数的问题了。"严小从直点头，"另外，Word和Excel文件，也可以这样处理吗？"

"这个你可以自己试试。另外给你留个作业，总结一下：刚才是怎么快速操作的，遗忘是学习最大的敌人。"

"好，我现在就记下来。"严小从拿出笔记本，在上面写下这样的操作技巧：

批量获得幻灯片中的图片和文字的办法

（1）将.pptx的后缀名改为.zip，将.zip的文件解压，从解压后的文件夹中找到ppt/media，即获得所有的图片，将.zip的后缀改回.pptx，即可还原文件。

（2）打开PPT文件，点"文件"→"另存为"，在"保存类型"下拉框中选择"大纲/RTF文件"，然后打开生成的RTF文件即可获得文字。

不仅如此，严小从还发现Excel文件和Word文档批量获取的方法和幻灯片的类似。不同的是Excel的图片存储在xl/media的文件夹里，Word的图片存储在word/media的文件夹里。

原本要做一周的事情，居然不到几分钟就完成了，严小从觉得今天的收获特别大，又为自己白天浪费了不少时间，最后才发现有诀窍而有点后悔。很少有公司会将Office的技能作为考核标准，但是熟练使用这些软件对工作效率的提升非常有帮助。

【成长建议】

1. 后天的事情先不学,明天的事情今天学,今天要用的来不及学。从学校毕业不仅不是学习的结束,反而是社会学习的开始。提前一步进行学习是有必要的,等用时再学,由于工作已经很紧急了,再学其实来不及了。但知识淘汰快,过于超前也不好。

2. 培养一专多能的职业标签,相信技多不压身。工作要聚焦主业,但不代表要与其他技能隔绝。能做出一番成就的,必定是综合性人才。真正的人才,一定既懂业务,也懂技术,熟悉运营,还懂管理。综合性人才既要有自己的特长,又不能有明显的短板。

3. 追求学习的效率,要善用碎片化时间进行学习。学到新东西后,应该马上进行总结,并实操巩固,这种步步为营的学习方法才是最有效的。充分利用碎片化的时间,才是职场进步的利器。

二、熟手锤炼,一键生成幻灯片

完成文件的整理后,下面就要开始做幻灯片了。严小从最讨厌做幻灯片了。他还记得上次的经历,一开始没有任何思路,只能想到哪里写到哪里。好不容易写完了,给领导一看,又要进行各种调整,反复改了很多次,想想就让人头大。

严小从决定先读一遍资料,厘清思路再说。但只翻了两页文档,就已经头昏脑涨了。虽然文档里的每一句话他都能看懂,但内容太多，很难抓住重点，这可怎么办呢？

"也许，我还可以找吴总去帮忙。"于是小从转身就走进了吴总的办公室。"吴总，不好意思，又来麻烦你了。文件整理完了，我现在开始做幻灯片，可这么多文字，根本记不住，怎么样才可以快速找到重点呢？"严小从问。

"嗯，难度的确不小。那么，你觉得是先看文字再提炼重点，还是先知道重点再看文字去进行验证比较好呢？"吴总反问道。

"我觉得先有重点，再看文字会更好啊。但问题是我现在不知道什么是重点，也不知道该重点看什么。"

"你可以先用词频统计工具找到重点，借助一点互联网技术的力量。"说着，吴总用百度搜索，随便找了一个词频统计的网站。然后把一段文字粘贴进了网页的文本框里。很快，网站就返回了一张根据关键词出现频率形成的图片（见图7-5）。

图7-5 词频统计网站的关键词频率统计示意图

而且页面还提供了Excel的链接，可以下载每个词出现的次数。"你看，这段文字的词频是什么？"吴总指着电脑屏幕问道。严小从仔细一看，每个关键词汇出现了多少次，都被统计了出来。"太方便了，有这个我就知道重点在哪里了！"严小从欢呼了起来。

"词频统计可以帮助你快速了解哪些词出现的频率较高。"吴总提醒道，"不过，你还是要通读一遍材料，避免统计数据带来的误解。剩下的事情就交给你了。"

"没问题。"严小从照葫芦画瓢，也用上了词频统计工具。果然，有重点后就好办多了，一个上午的时间，他就通读了所有资料，有了大概的思路。吃过午饭，严小从打开了电脑，准备开始做幻灯片。吴总正好午饭后归来，看到小从已经准备开始做幻灯片了，心里不禁夸赞：年轻人工作能力就是强，做事情速度真快。

"对了，你写草稿了吗？"吴总问道。

"草稿，为什么要写草稿啊？我过去都是直接做幻灯片的。速度不是更快吗？"严小从有些不能理解。

"别着急，先写好草稿。思路写得差不多了，自动生成幻灯片是一瞬间的事。"吴总提醒道。

"啊，还有这个功能，我怎么不知道啊？"严小从突然觉得很好奇。

"当然有，不过你先写好草稿，晚点我再给你演示。"

"好的，我现在就写草稿去，不过你一定要教我这个功能。"严小从的执行力一向很强，用了整整一个下午，构思了几乎所有的内容,最终写出了一份幻灯片的草稿。

"吴总,我的草稿已经写完了,快教我怎么批量生成幻灯片吧。"严小从有些迫不及待了。

"好的,我用我的电脑给你演示一下。"吴总打开了一个Word文档,然后简单地调整了几下,又打开一个新的幻灯片,操作了几下就看到Word文稿"刷"的一下导入到了幻灯片中,一切就和变魔术一样(见图7-6)。

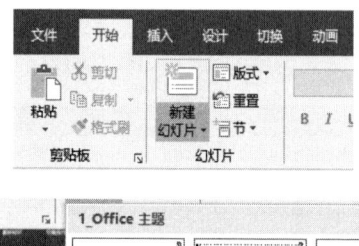

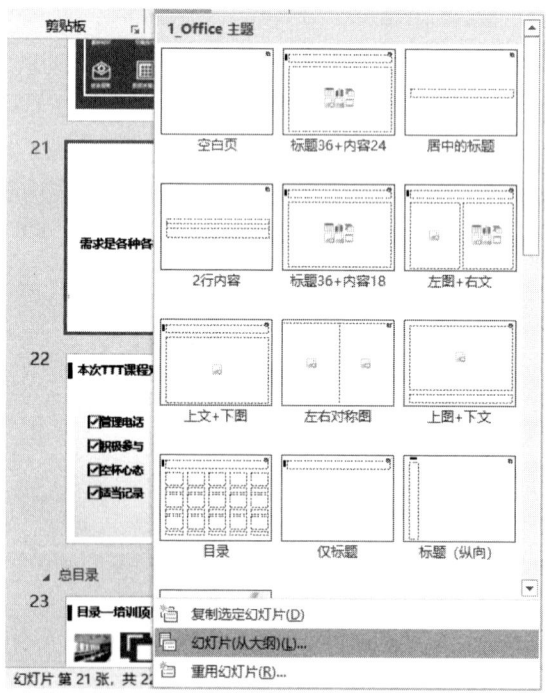

图7-6 草稿批量生成幻灯片示意图

"天啊，你是怎么导入进来的？"严小从再一次被震撼到了。

"这其实不难，Word的逻辑是篇章逻辑，整个文稿是一个整体，所以会有第一章、1.1、1.1.1这样的章节。但是在幻灯片中，是一页一页看，一页一页听人讲的，内容都是按页展开的。"

"吴总，既然逻辑不同，那么Word里的文字导入到幻灯片中，怎么就自动分成了一页一页的呢？"严小从好像发现了一个细节问题。

"你说到点子上了，这就是问题的关键，核心在于幻灯片的分页机制，你留意过Word的样式菜单和幻灯片的母版视图吗（见图7-7）？"

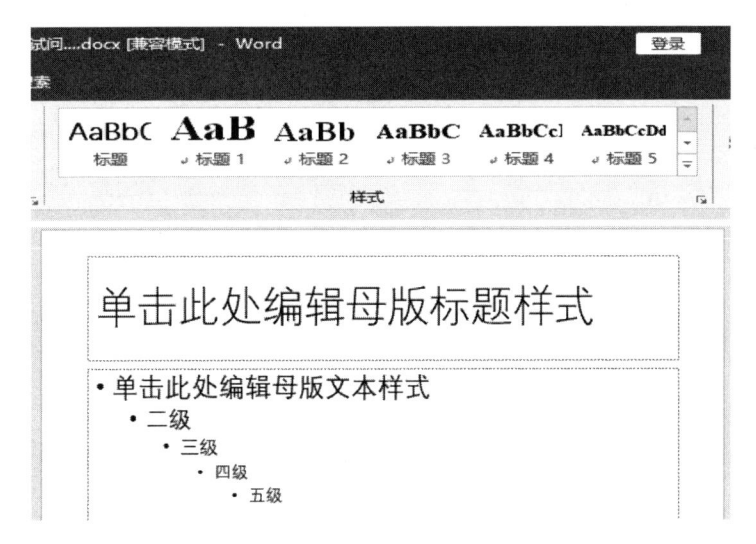

图7-7 Word的母版视图示意图

"Word里叫标题1、标题2，一直到标题9，还有个正文。幻灯片里是主标题、副标题、二级、三级、四级、五级，莫非它们之间有什么关系？"严小从很细心，一眼就发现了端倪。

"回答正确。幻灯片就是这样来判定的，当Word的内容被导入时，幻灯片发现了标题一，就自动分一页出来，又遇到标题一，就再分一页，这就是幻灯片分页的逻辑。"吴总边讲解，边指着屏幕对应的位置。

"那二级、三级这些又是什么意思呢？"

"这些在幻灯片中被称为占位符。例如，在Word中，一段内容是标题一，就会放到主标题的这个占位符里，标题二就放在这里。"吴总耐心地讲解道。

"哦，原来它们是这样的对应关系啊！"严小从一下就明白了。

"是的，这样就把所有的内容都导入进来了，我刚才在Word的大纲视图里，就是在进行调整，将大纲级别调整为标题一和标题二。"

"这个办法我还是第一次听说，有什么需要注意的吗？"严小从总是那么虚心好学。

"有两点。第一点是导入前要关闭Word文档，否则导入功能会报错，因为一个文件不能被两个应用同时占用。第二点是导入时幻灯片会把Word中的字体一起导入进来。所以你最好提前在Word中设置好想要的字体。"吴总补充道。

"这个简单！全选调一下就可以了。"这个操作严小从还是很熟练的。"真没想到，幻灯片居然可以批量生成！这可太省事了。不过，这批量生成的幻灯片看起来很简陋。"

"这个简单，只要你会调整幻灯片的母版，马上就可以调整得很好看，不过这是后面的事情了，操作起来特别容易。网上有很多设置幻灯片模板的操作和技巧，你可以学习一下。"吴总的表情显得很轻松，"你看，我这个幻灯片已经做好了母版，只要选中幻灯片，右键替换一下就可以了（见图7-8）。"

图7-8 将Word文稿批量生成幻灯片的示意图

严小从回到自己的电脑前，学着刚才吴总的操作，把Word文稿用自动生成功能生成了自己所需要的幻灯片。严小从赶紧拿出自己的笔记本，记录了下面这些技巧：

利用Word文稿，批量生成幻灯片的技巧

（1）用Word写好草稿，设置字体为"微软雅黑"，点左上方的"视图"→"大纲"，按照希望展现的幻灯片的样子：设置一级（标题）和二级（内容）的级别。

（2）关闭Word文稿，打开幻灯片模板，点"开始"→"新建幻灯片"→"幻灯片（从大纲）"，选择Word文件，点"插入"即可，导入后右键替换版式即可。

两天下来，严小从学到了很多东西，他觉得自己快成为半个Office

达人了。"吴总,您当初是怎么想到用这个方法的啊?"严小从问。

"其实是在工作中学到的,每当我发现一个操作很慢或者很笨的时候,我就想:也许有心人早就把更好的解决方案放到了网上,只是我没发现而已。"吴总分享道。

"有时还真是这样。"严小从说,"那么,要想批量调整幻灯片的颜色、字体的话有什么好办法吗?是不是要用什么插件啊,我见过有人用。"严小从若有所思。

"嗯,有些插件的确可以实现,不过不用这些插件也能实现,幻灯片的自带功能就行!"吴总信心满满地说,"其实秘密都在幻灯片的母版视图里。"他打开了幻灯片的母版视图(见图7-9)。

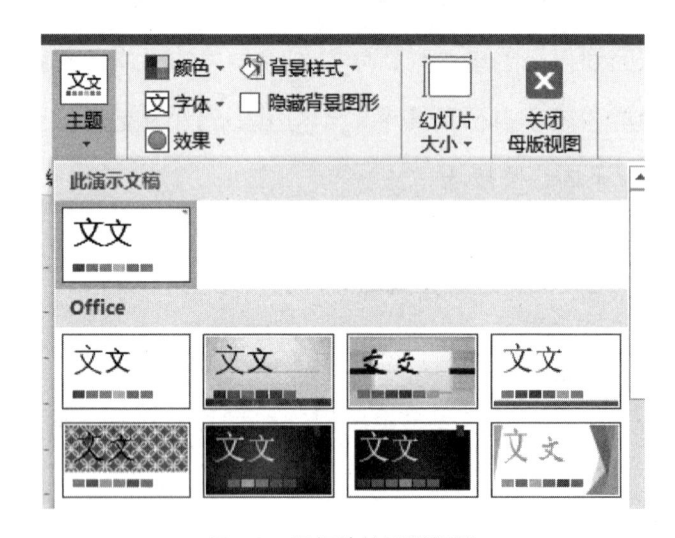

图7-9 幻灯片的母版视图

"字体、颜色,这个和幻灯片有什么关系吗?"严小从问道。

"这就是幻灯片的核心秘密。"说着,吴总点开了"字体"的菜单栏,从弹出窗口里选择了下方的自定义字体,这时,电脑上出现了一个新的页面。

"在这里，我们尝试将所有字体都设置成微软雅黑，这就完成了批量调整。"吴总边说边点了好几下，然后关闭了操作页面。"刷"的一下，页面上的所有字体都变成了微软雅黑（见图7-10）。

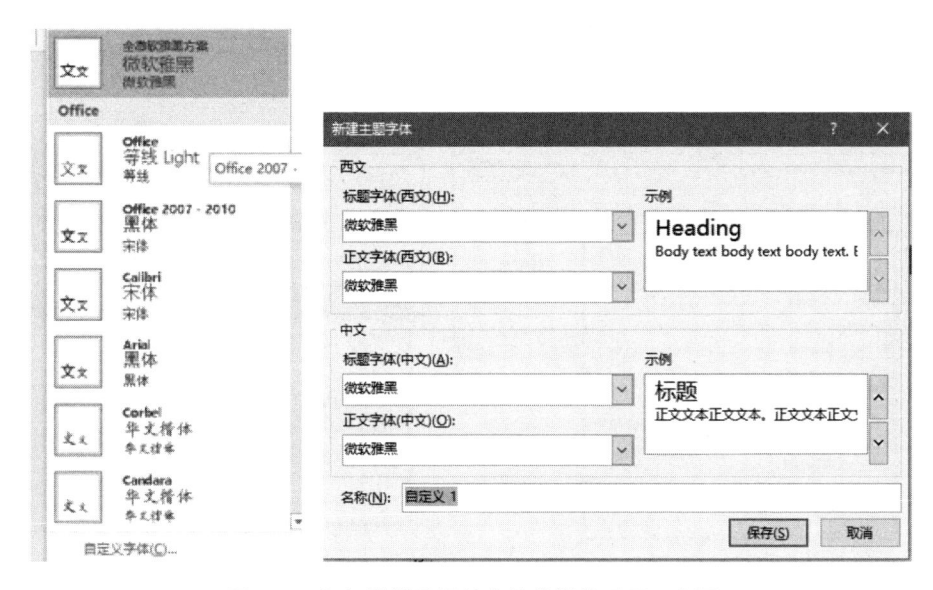

图7-10　幻灯片批量调整字体的操作页面示意图

"咦，吴总，你看这几个页面的字体怎么就没变过来？"严小从发现了一些不太对的地方。

"嗯，这就是例外情况。如果对某页幻灯片的字体没有做过单独设置，在母版的'字体'菜单栏就可以做统一调整，但是如果单独调整过，这个方法就不行了。这时还有其他办法，我们需要回到编辑视图里。"吴总在"开始"菜单下找到了"替换"，在右边的小箭头下，又找到"替换字体"选项（见图7-11）。

图7-11 幻灯片里单独设置字体的方法

"Office软件的好多功能都隐藏在我们不容易注意的地方,大致的操作你明白了吧?"吴总边说边点开了替换字体的操作页面(见图7-12)。

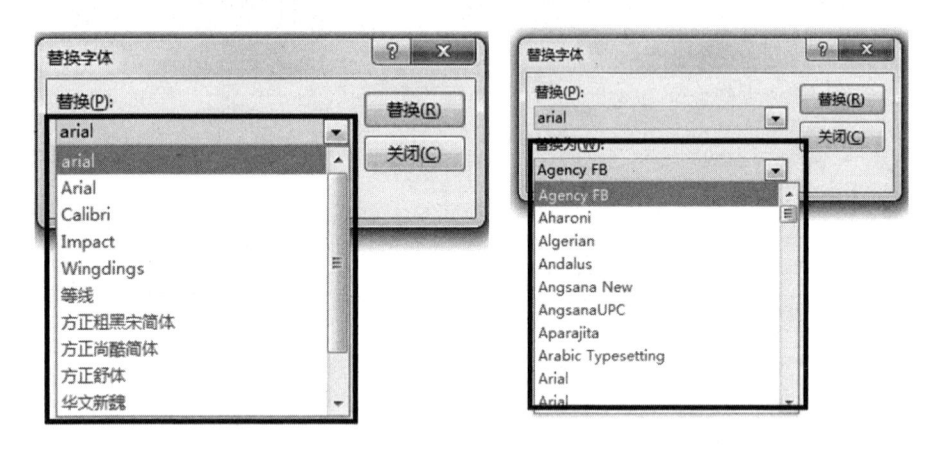

图7-12 幻灯片里替换字体的操作页面示意图

"看,对工具的使用和细节的熟练掌握可以极大程度地提高工作效率,"吴总笑眯眯地说,"不过对于SmartArt、表格或者插入一个形状后录入的文字,就无法批量调整了,单独改一下就行。"

"这样太方便了,字体的批量修改解决了,那调整颜色又该怎么办呢?"严小从觉得软件的操作可真快捷。

吴总继续操作电脑,回到了幻灯片的母版视图下。"一切秘密都在'颜色'菜单(见图7-13)下,你自己研究吧。"

图7-13 幻灯片里的"颜色"菜单示意图

"好的，Office可真奇妙。我先把字体批量调整的技巧记录下来。"

幻灯片中批量调整字体的方法

方法1：在母版视图里替换所有字体的具体操作步骤。

视图→幻灯片母版→字体→点"自定义字体"→新建主题字体，需要为西文和中文的标题+正文一共四个选项设置字体，点下面的"保存"即可。

例外：在编辑幻灯片时，单独设置过字体的部分是无法通过这个方法替换字体的。

方法2：只替换某一类字体的具体操作步骤对这种使用母版调整的方式无效。

开始→替换→点击边上的小箭头→替换字体，在弹出页中选择将字体替换成需要的字体。

例外：表格、SmartArt、插入形状后写的文字等，无法通过这个办法修改。

写完笔记，严小从开始研究起幻灯片母版视图下的颜色菜单，几次操作后，他果然有了新发现。原来点击"颜色"后，和"字体"一样会出现一个"自定义"选项。

点开后，下面有个"自定义"选项，然后就出现了12种颜色（见图7-14）。

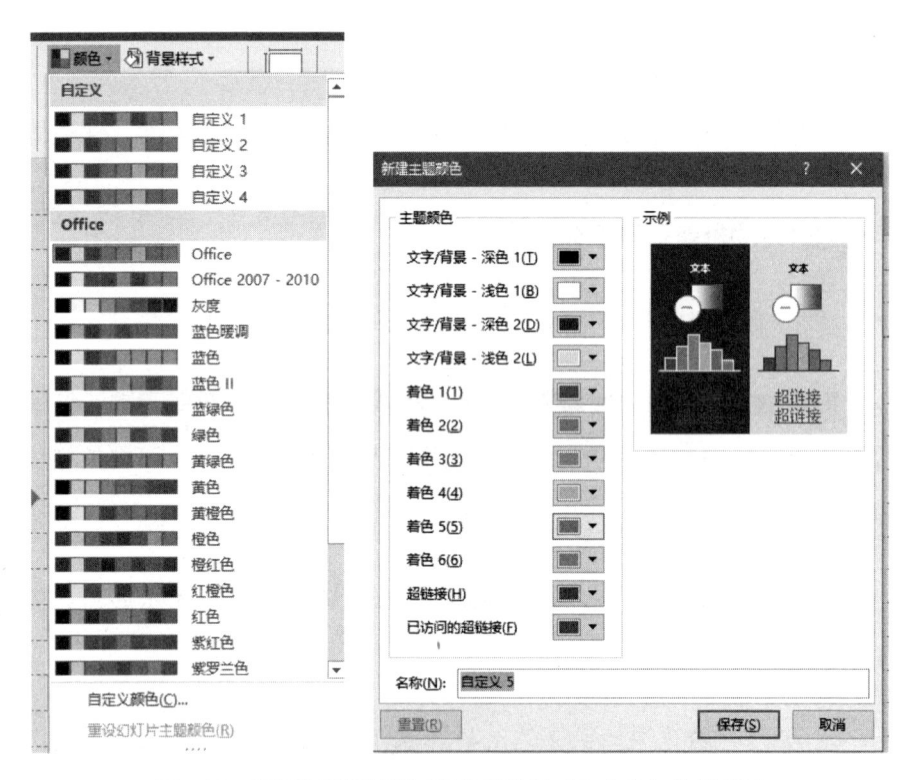

图7-14　幻灯片母版视图下颜色菜单的"自定义"选项页面

严小从发现，这里的规矩是这样的：虽然是12个颜色，但第一个是幻灯片的字体颜色，第二个就是幻灯片背景的颜色，第三和第四个是第二套字体和背景的颜色。第五到第十是"着色1"到"着色6"的颜色，这几种颜色就是控制着页面插入形状的默认颜色。而超链接和已访问的超链接很少用。严小从发现在探索未知内容的时候，特别容易产生成就感。

严小从第二天一早就把自己的发现讲给了吴总听。

"完全正确，颜色就是这么批量设置的。第一套文字/背景颜色，第二套文字/背景颜色，'着色1'到'着色6'也叫个性色。最后那两个超链接可以不用管，用得比较少，你只要记住前十种颜色就好了（见图7-15）。其实和这里是一一对应的。"吴总肯定了严小从的发现。"所以，你看这里就知道了，要注意主题这两个字。"

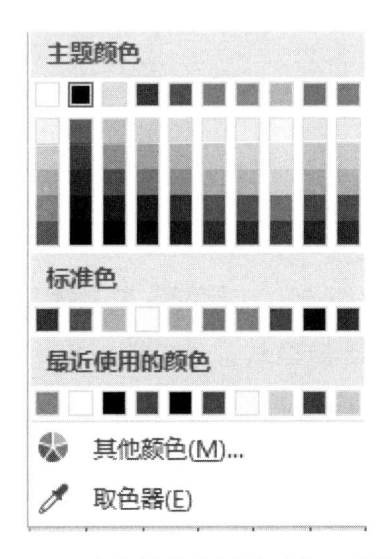

图7-15　幻灯片的"主题颜色"示意图

"主题保证了颜色的统一，所有需要调整颜色的菜单栏，无论是字体的颜色、线条、形状、SmartArt、表格，以及图片的颜色设置等，出现的所有颜色，都和这个是联动的，牵一发而动全身。所以，这个叫主题颜色。"吴总进一步解释道。

"原来是这样，这下彻底明白了。那是不是和字体一样，我不能在页面上单独设置啊？"严小从想到了昨天学习字体的批量设置时的规矩。

"嗯，你看这里的十个颜色，其实就是第一套文字/背景颜色、第二套文字/背景颜色，以及那六个着色，或者叫个性色。

"如果你点击的是这里，那么无论选哪个位置，都会随着母版里的设置而灵活变化。但是下面的'标准色'和'最近使用的颜色'就不要点了，否则母版里做的颜色设置就失效了（见图7-16）。

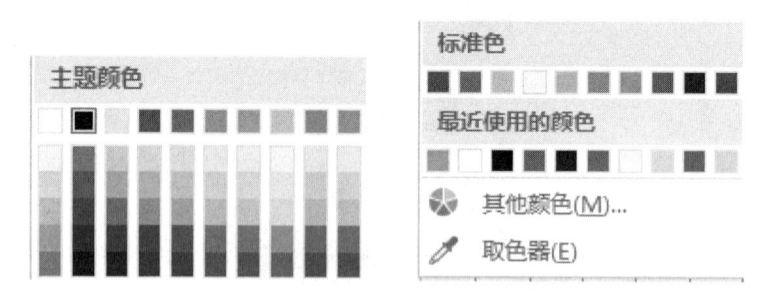

图7-16　幻灯片的"主题颜色"和"标准色"示意图

"因为这些不是主题颜色，如果想用这些颜色的话，你把它们设置到幻灯片的母版颜色里就可以了。这个功能非常好用，以前在咨询公司的时候，我们总是要求幻灯片的配色要和客户的商标等元素保持一致。有时需要做的幻灯片有很多，也是从多个过往的方案借鉴来的，要是没这个功能的话，调整起来可就太费劲了。没有规矩，不成方圆。幻灯片的规矩是隐藏在模板里的。"吴总说道。

"一直听说母版很厉害，没想到这么强大！字体和颜色都可以随意调整，那是不是幻灯片的好看的样式，或者排版都可以提前在幻灯片的母版里设置好呢？"严小从问。

"当然可以，不过审美因人而异，因内容而异，这个就要靠你自己了。多学习网上的一些好的设计，在母版里做好就行了。其实，做幻灯片在母版里设置好颜色、字体、版式，然后用上你学会的自动生成功能，制做幻灯片80%的操作就可以省略了，其他内容简单修改一下，再补上图片和表格就可以了。"吴总解释道。

"哇，这可真是个做幻灯片的好办法，过去我从来没想过还可以这么做。"严小从想想就觉得收获满满，于是拿出笔记本，记录下了这个技巧。

幻灯片中批量修改颜色的具体步骤

（1）视图→幻灯片母版→颜色→自定义颜色→新建主题颜色。

（2）设置前两个颜色来调整字体+背景，以及第五到第十个颜色（"着色1"到"着色6"）。

（3）点"保存"即可，然后点"视图"→"普通"，关闭母版视图，编辑幻灯片即可。

注意事项：选颜色时只有从主题颜色中选，才能保证颜色的设置能进行批量修改。

很快，严小从就做好了幻灯片，他把幻灯片的成品拿给吴总看。吴总提出的一些简单的字体、配色和版式的意见，严小从当场就改完了，引得吴总连连称赞。

"小从,你做得可真快,这速度快赶上专业的咨询公司了。这个是准备给公司做内训普及的课件,这门课就由你来讲吧。"

"啊,这个我没干过,万一讲不好可怎么办呢?"严小从心想,这可真是一波未平,一波又起,吴总真能给人出难题。

"没关系,这个东西都是你做的,你一定能讲好,我看好你哦。对了,因为疫情的原因,这次的培训在线上进行。你准备一下。"吴总提醒道。

"好吧……"严小从在心里吐了吐舌头,回到了自己的座位上。虽然幻灯片上的每一个字都是自己辛苦写出来的,但是把它们讲出来,真的是太难了。

【成长建议】

1. 要逃离自己的舒适区,不擅长的事情更有学习的价值:胜任工作一定要把本职工作做好,要想在职场快速取得进步,一定要敢于迎接挑战。一件事情如果做不成,还可以寻求公司的高层和同事的帮忙,如果连做的勇气都没有,那么可能就失去了一次成长的机会。

2. 工作中修修改改是常态,要用平常心来对待:很多工作都是刚开始做的时候不知道怎么样才能做好,做出来后才能看出好坏。这个时候难免要做一些必要的调整。不要急于排斥反复修改,而应该提前想想,怎么样才可以快速调整。

3. 留意每一个细节,优秀和卓越的差距往往就在细节里:90分和

100分不但看上去分数差不多，而且付出的努力程度往往也差距不大，但100分终归比90分要好，而且更难得。绝大多数的工作质量差距只是一点细节，关注细节才是有责任心的表现。

三、高手养成，一次做成绝不返工

严小从是个不服输的人，他觉得自己既然可以做好这个幻灯片，一定也能讲好，但是毕竟这件事他从来没干过，心里多少有点没底。他想，我怎么才能把这个课件讲好呢？

他想到了自己小时候参加演讲比赛的经历。当时，自己是一笔一画地写了演讲用的稿子，然后又背了很多遍，才上台演讲的。虽然讲的时候还是有些磕磕绊绊，但也获得了一个奖项。"有了，就这么办，对照着幻灯片，我也写个稿子，然后逐字背熟不就可以了？"

严小从打开电脑，对照着幻灯片，开始在备注里逐字打了起来。用了十分钟，才写出来不到400字。看着那几十页幻灯片，他真不知道要写到什么时候，严小从有点沮丧。突然，他想到了自己可以使用语音输入啊，那比打字可快多了。

严小从至少想到了三个办法。例如，用微信语音发消息，然后直接点语音对话条进行文字转换。还可以直接用手机上的语音输入功能，再复制到电脑上。最后，他想到了自己整理音频和视频资料的时候用过的讯飞网站。他发现有一个手机App叫讯飞语记，打开这个软件，对着它一直讲话，就可以实时将语音转成文字了。

唯一让严小从觉得遗憾的是："这个软件是收费的，一年大概要100多元，要是有免费的就好了。"严小从和吴总提到自己的疑惑。

"收费一年也就100多元，暂时还不限制时长。而且，我觉得收费有时比免费更好。"吴总的观点总是与众不同。

"如果有不付费的产品的话，不花钱不是更好吗？"严小从说。

"收费的不一定好，但免费的一般都不会太好。"吴总笑道。"小从，你想想看，如果一个软件免费，就意味着赚不到任何钱，那么谁会去认真做呢？一个软件，如果无利可图就不可能会有后续的更新和优化了。如果是收费的，有了足够的收入，这个App就会不断地升级自己的产品，让性能更好，其他厂家看到有利可图，也会做同样的产品，这些厂家的彼此竞争，一类产品就会越来越好。讯飞语记就是在这种竞争中，在用户普通话标准的情况下，识别率提高到了九成多。"

"还真是啊，我也实验了其他几个软件，发现就这家软件语音转文字的效果最好。"严小从好像有点懂了。

"是的，下面这个道理不一定全对，但是多数情况下是对的。免费的东西，往往是最贵的。这里面有两层含义，空气不要钱，但是防治空气污染很贵，这是第一层含义。某个软件不要钱，但是可能功能就不太好用，还要浪费不少时间来修正，这是第二层含义。"

"听着有那么一点道理啊。"严小从突然有点开悟的感觉，"那我下面该怎么做呢？对着我的手机讲一遍？"严小从问。

"没错，你就假设自己现在就在讲课，对着课件，一页一页把课讲一遍就好了。错了也没关系，你先讲一遍，不要过于关注口误和细节。讲完就好，然后把所有的语音转文字稿校对和整理一下，就可以了。时间永远最值钱，为了节省时间，有些钱该花就花……"吴总耐心地解释道。

在吴总的提醒下，严小从一页一页地讲，然后补充文稿到备注里，在口述转文字的情况下，速度果然比自己一页一页打字快了很多。他突然又想起了吴总说过的那句话：如果你做一件事情觉得很慢，那么一定有人发现了一个办法，可以更快地完成它。

转眼就到了周五下午，严小从的幻灯片备注也写完了，课也试着自己讲了好几遍。虽然整个过程中他也会偶有失望，但还是觉得特别有成就感，他期待着正式讲课的那天早点到来。

"小从，你准备得差不多了吧？打算什么时候给我们讲啊？"吴总刚走出办公室，就来到了严小从的身边。

"嗯，我准备得差不多了，就是偶尔有口误，要是能一点不出错就好了。"严小从说道。

"哦，这个要求吗？在线下可能很难做到，但是在线上是很容易做到的。你看，这是上次我讲课的课件视频。"吴总点开公司的学习平台，播放了一小段自己上次讲课的视频。

严小从听了一段，觉得课讲得很不错。"吴总，你讲得真好，一点口误都没有，是不是对课件特别熟悉啊，还是这个版本剪辑过呢？"严小从特别佩服吴总讲课时没口误的能力。

"其实中间出错了，而且出了很多次错，但是你看不到而已。其实这是'假'直播，只是看着像直播。它用了一点初中的数学知识和幻灯片的一些功能。小从，你估算过没有，讲十页幻灯片大概会出现几次口误啊？"吴总问道。

"没具体统计过，但中间错个一两次总是有的。"严小从回忆道。

"我们就算你讲十页，错一次吧，那么成功率就是90%。假设你这次要讲20页幻灯片，如果我的要求是一页不许错，就是90%的20次方，大概就是12%的样子。你知道这意味着什么吗？"吴总数学特别好，瞬间就算出来了具体的概率。

"不到1/8啊，难道是八次能成一次？"严小从好像有点明白了。

"你说得非常正确，就是这个意思。要是十页出现两次口误，就是80%的20次方，大概是1%。讲100次，才有一次可能是完全不口误的，这就是概率。有句古话叫道法自然，其实数学也是一种道，是一种自然规律，尤其其中的概率决定了很多事情。"吴总解释道。

"那是不是就意味着因为概率的原因失误无法避免了？"严小从问。

"失误当然无法避免，这是从你的角度。但是从呈现的角度，失误是完全可以避免的，换个思维就可以。还是用20页幻灯片来举例，如果不要求你一口气把20页都讲完，让你一页一页讲，会怎么样？我们算得悲观一点，成功率还是80%吧。20页就会有四页出现口误。然后把错的那四页再讲一次，假设又错了一页，就把这一页再讲一次，基本就不会错了。你算一下，算上重复的，一共讲了多少页？"吴总继续问道。

"讲了20+4+1=25页,只是有五页是重复的。"严小从这次算得很快。

"是的,还是20÷25×100%=80%的概率,是不是和每一页的概率是相同的?这其实就是一种概率思维,它把人之前所认为的必须一次就成功的理念改成了只要成功一次就不会失败。"

"懂了,看来一件很复杂的事情只要被拆成多个步骤,就降低了难度,可以解决问题了。那么,什么是假直播呢?"严小从虽然数学不太好,但是记忆力特别好,喜欢打破砂锅问到底。

"就是听上去像直播,其实是播放提前录好的一个视频。你想啊,我们刚才说一页一页讲,哪页错了就重讲哪页。这种方式没办法直播,我们不能当着大家的面裁剪和抹掉错的地方吧,所以……"吴总说道。

"那就是要一页一页地录,然后再剪辑,直播的时候再回放视频对吗?"严小从问。

"差不多是这个意思,不过没那么复杂。幻灯片本身就支持这一功能,只是你不知道(见图7-17)。我们来看看,你电脑借我用一下。"吴总不再站着,用小从的电脑演示了起来。

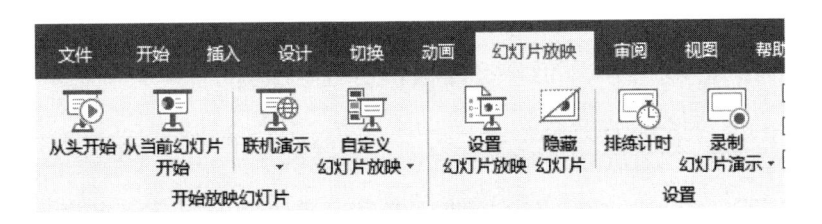

图7-17 幻灯片的录制功能示意图

"这里有个功能叫录制幻灯片演示,然后你就可以对着幻灯片讲了,它录制的机制是一页一页来的,你正常翻页就好了。"吴总边说边做演示。

"那要是这页口误了怎么办?"严小从问。

"那就把这一页重新录制一遍呗,对其他页完全没有影响。"吴总说。"这就用到了我们刚才说的那个技巧,幻灯片软件会在页面自动生成一个音频的图标,而且这个音频会自动播放,配合上幻灯片页面和页面的自动翻页,就类似一个人在直播了(见图7-18)。"吴总解释道。

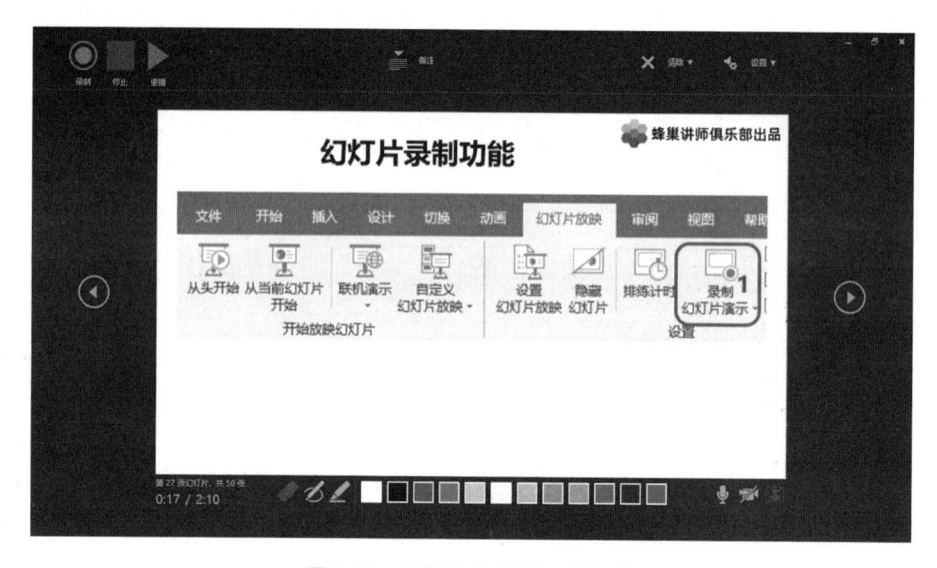

图7-18　幻灯片的录制功能演示

"这样太棒了,不但不会出错,还可以反复使用!"严小从觉得思维和工具的配合真是神奇。

"不仅如此,这样录制的成功率高,录一次可以用很多次,节省了成本。用幻灯片软件直接就可以导出视频成为影像资料。还有一个额外的好处，是我意外发现的。"吴总说。

"什么好处？"严小从问。

"只要讲得对，页面错了也无所谓。"吴总说，"道理很简单，声音、画面是分离的，只有播放的时候才整合在一起，所以只要你的声音没错，哪怕文字或图片错了，录完后再修改就好了。播放的时候加载的就是正确的文字和图片了。"

"对，这一招真是绝了。"严小从佩服得五体投地。

"这就是思维和工具的妙用，小从同学，这是你的笔记本吗？"吴总突然注意到了小从的笔记，写得很工整。

"嗯，是我的。这几天你教我的东西，我都认真地做了笔记。"严小从有点不好意思。

"我觉得写得非常好。这些方法和技巧对你特别有用。不过，你可以再拔高一层，从更高的思维的角度总结一下，这样你会有更多体会。"吴总总是习惯表扬后，再出个难题，"注意，我说的是从思维的角度。"

"我觉得首先是系统思维，你教我从一个系统的角度去整理材料，而不是拆成一个一个的个体。后面的自动生成，批量调整字体和颜色什么的，其实也是系统思维。"严小从开始回忆起这几天的过往。

"说得没错，还有呢？只有系统思维吗？有没有其他感受啊？"

吴总提示道。

"好像还有模块化思维，幻灯片的自动生成其实就是把内容、版式、样式、结构做一个分离，而不是像我过去那样一页一页地混在一起。"严小从说。

"非常正确，我们用积木举例，把一块一块的塑料积木进行拼和拆都很方便，可以摆成各种样子。每块积木是一个独立的个体，有独立的形状，可以拼接，也可以拆散，这恰好是一种模块化、系统化、标准化思维的体现。"吴总解释道。

"原来如此，这几天我就一直琢磨是怎么回事，这三种思维真是帮助太大了，当然，还有那个概率对我的启发。"严小从觉得从吴总身上真的能学到很多东西。

"这就是你的专业价值，主要在这里。"吴总指了指脑子，"我想起了刚上大学的时候，导师问我的一个问题：是树干柔软，还是树叶柔软？"

"当然是树叶柔软，用手就能撕开。树干硬邦邦的，得用斧头劈。"严小从不假思索地说道。

"我当时也是这么认为的，可是我的导师说，其实树干比树叶柔软，因为树叶虽然摸着很柔软，但是长到一个极限，就不能再长大了。树干不同，随着树年龄的增长，树干一直在扩张自己的身躯，因为树干会越长越大，所以树干比树叶柔软。树干就类似于我们自己的能力，树叶就类似工作的各种需求，当你的树干足够强壮的时候，就能撑起所有的树叶。所以有时不是树叶太多、太重，是树干太细、太软。"吴总说。

"有道理，这又是一种什么思维啊？"严小从觉得吴总说得很对。

"我也不知道叫什么思维，其实叫什么名字都无所谓，关键是对思维的领悟，不如，就叫成长思维吧。"吴总也没想好到底应该叫什么。

严小从觉得这一周下来自己真的学到了很多。一周后，严小从的直播分享顺利进行了。不用说，分享的效果特别好，前面知识讲解的部分，严小从是使用提前录制好的幻灯片，以放映的方式来实现的，没有任何口误，内容也很精彩。后面互动问答的环节，严小从真人上阵，和大家进行了热烈的讨论。果不其然，严小从这次的分享，在公司内部的学员中获得了很好的反馈和评价，也获得了公司上上下下的高度认可。

模块思维、系统思维、标准化思维、成长思维……严小从心想，下次我要给大家讲讲我学到的那些思维。他圆满完成了任务，也开始明白，每一份工作都是历练，那些接住并且做好的人，总是会获得最好的机会。

【成长建议】

1. 重复的事情要学会总结出一套方法：时间总是有限的，最大的浪费是经验的浪费。及时总结方法和技巧，看上去浪费了一点时间，但在以后却可以大量节省重复操作的时间，要么自己做得更快，要么教会别人把事情做好。

2. 多向职场中的前辈学习，关注收获而不是对方的态度：职场中不是每个人都会像吴总那样耐心地指导和培养新人，难免有人因为各种原因而导致态度不好。既然要学到东西，就要更关注自己的收获，而不要因为觉得对方态度不好而产生抵触心理并放弃学习，不然最后吃亏的还是自己。

3. 不要轻易放弃在组织中发声的机会，这是最好的锻炼：光说不练是假把式，光练不说是傻把式，能说会做才是真把式。当上级安排给你一个可以"抛头露面"的工作的时候，是十分难得的机会，更是对你的最大信任。勇敢地接受挑战并认真准备，你最后的结果一定差不了。因为既然敢把工作交给你，就说明上级对你有信心。

【本章小结——思维导图】

职场黑科技——高效办公自动化指南

快手蜕变，批量完成文件整理
- ✓ 后天的事情先不学，明天的事情今天学，今天要用的来不及学。
- ✓ 培养一专多能的职业标签，相信技多不压身。
- ✓ 追求学习的效率，要善用碎片化时间进行学习。

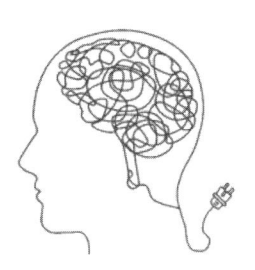

熟手锤炼，一键生成幻灯片
- ✓ 要逃离自己的舒适区，不擅长的事情更有学习的价值。
- ✓ 工作中修修改改是常态，要用平常心来对待。
- ✓ 留意每一个细节，优秀和卓越的差距往往就在细节里。

高手养成，一次做成绝不返工
- ✓ 重复的事情要学会总结出一套方法。
- ✓ 多向职场中的前辈学习，关注收获而不是对方的态度。
- ✓ 不要轻易放弃在组织中发声的机会，这是最好的锻炼。

【本章练习】 用职场黑科技中的三项技能进行高效办公

1. 如何批量完成文件整理？分享本章你学到的小工具。

2. 如何一键生成幻灯片？分享本章你学到的小工具。

3. 如何将事情一次做成不返工？分享本章你学到的小工具。

第8章

游戏驱动力
——用升级打怪实现能力跃迁

【铁四角的第七次聚会：梁小栋迎来了第一次"高光时刻"】

> 以前，我玩游戏被人骂玩物丧志，现在玩游戏也成为了自我激励技能。

职业玩家

这次聚会是梁小栋发起的，他最近心情非常好，原因是他迎来了职业生涯的第一次"高光时刻"。事情的起因是这样，今年因为受外部和大环境的影响，公司业务部的业绩一直很低迷，员工的状态也不是很好。业务部老大很是着急，前段时间想和人力资源部一起给自己部门设计新的激励方案，后来，人力资源部出了好几套方案，业务老大看后都觉得不是很理想。

某天，业务部老大参加了一个创新组织论坛，有个专家分享了专门针对"95后"员工的新型激励模式"游戏驱动力",还分享了很多企业成功实践这一模式的案例。业务部老大听完很兴奋,想把这套激励模式在自己团队里实践尝试一下。

这位游戏化激励专家还建议,团队设计游戏化激励最好能邀请游戏玩得好的员工一同参与设计,这样出来的方案能够更符合年轻员工的个性和行为偏好,效果也会更好。业务老大听公司很多同事说梁小栋玩游戏很厉害,就把他邀请过来一起参与开发和设计,这个过程中梁小栋帮业务部出了很多关于游戏化激励的好点子。前两个月游戏激励方案出台后,销售部在这个季度的实践中效果非常好,小伙伴们不仅参与的积极性很高,部门的销售业绩更是比上一个季度增长了50%。

这件事之后,业务老大在公司逢人便夸梁小栋。在上月公司中层参与的例会上,人力资源部还专门邀请他作为骨干员工分享了游戏化激励的设计思路。梁小栋没想到自己一战成名,迎来了进入公司的第一次高光时刻,所以他非常兴奋,想在聚会时和大家好好分享一下。

现在,轮到你了:

灵魂1问: 你平时喜欢玩游戏吗?对玩游戏抱有正面还是负面的看法?

灵魂2问: 如果有机会让你重新设计工作,你会如何让自己主动参与?

灵魂3问: 如果说工作是一款游戏,你可以想办法让它变得有趣,你愿意尝试吗?

一、"玩"有引力：四轮驱动，游戏激励

我们经常会看到这样的现象，很多人不管走到哪里都捧着手机打游戏，他们边打游戏边吃饭、走路、上厕所，甚至可以不睡觉，完全沉浸在游戏当中。游戏成瘾是一个普遍性的社会问题。别说未成年人，就是成年人玩起游戏来也会无法自拔，在大多数人的认知里，游戏毫无益处，尤其是今天的网络游戏，他们认为游戏只会让你浪费时间，消耗生命，虚度人生。我们往往用"游戏人生""玩物丧志"来形容不务正业的人。我们对游戏抱有太大的偏见，这源自我们固有的认知，以及文化深处对游戏的排斥。各种对游戏偏见性的负面评价让我们认为它难登大雅之堂。其实我们从小到老，都在玩游戏，从踢毽子、打沙包、打牌到各种网络游戏。例如，魔兽世界、王者荣耀、英雄联盟……玩是人的天性，也是人生活中的一部分。我们都在玩游戏，所以，今天我们要思考的是为什么游戏会有这么大的吸引力，以及如何不沉迷于游戏，而不是排斥和否定游戏。

简·麦戈尼格尔在《游戏改变世界》里指出，娱乐软件协会的年度游戏玩家研究报告数据表明69%的户主玩电脑和视频游戏，97%的青少年玩电脑和视频游戏。他声称："在不久的将来，那些一如既往排斥游戏的人会陷入很不利的位置。那些认为不值得把时间和注意力花在游戏上的人，无法了解如何在社群、企业和个人生活中利用游戏的力量。他们准备不足，无从参与塑造未来。因此，他们会错过一些原本极有把握解决问题、创造新体验以及弥补现实缺陷的机会。"游戏是人类文明的组成部分，人人都是玩家，我们应该利用游戏的独特体验

来改造破碎的现实，重塑对工作、生活、组织的美好体验，而不是去排斥、抵触和否定游戏。人们常说"人生如戏"，我们要把这个游戏设计得更好一点，而不是因它而使自己感到乏味、无趣、枯燥，游戏设计不仅仅是一门技术性的技艺，它是21世纪的思维和领导方式：玩游戏也不仅仅是为了消遣，它是21世纪携手工作、实现变革的方式。

2016年6月的《哈佛商业评论》中文版中，《新一代员工欢迎"游戏化管理"》一文也曾指出，标准化管理时代的KPI和物质奖惩可以度量结果，但却难以真正触动人内心的意愿。所以作为职场新人的我们，更需要寻找初心，激发自我内驱力，用游戏化的方式激励自己，把职场作为一场宏伟的游戏，在这个过程中不断提升自己升级打怪的能力，最终称霸职场，成为有核心竞争力的至尊王者。在游戏的设计机制中，我们可以有效利用其中的积极因素，让自己的工作变得格外有趣。那我们可以首先看看游戏让人成瘾背后的心理机制，就拿有史以来最成功的大型角色扮演游戏《魔兽世界》为例，据统计，《魔兽世界》的开发商每天仅全球用户的使用费就能入账500万美元。为什么这款游戏能够取得空前成功呢？其中最重要的一点或许是游戏唤起了"幸福生产力"。所谓幸福生产力指的是我们深深地沉浸在能产生直接而明显结果的工作中所产生的一种感觉。结果越清晰，感受到的幸福生产力就越多。我们可以先了解一下游戏的设计，看一下游戏的设计者是如何让人们对游戏痴迷的。

简·麦戈尼格尔在《游戏改变世界》一书里说："抛开类型的差异和复杂的技术，所有的游戏都有四个决定性特征——目标、规则、反馈系统和自愿参与。"

第一，目标明确，即玩家努力达成的具体结果。任何一款游戏，都会有它所追求的目标，要么是分数，要么是打败对手，要么是拯救世界。大家在开始玩游戏时，都知道自己想要什么，目标应该很明确，这样大家就会为了实现明确的目标而"奋斗"。例如斗地主游戏，你只要开始玩，就知道自己是为了"赢"。

第二，规则清晰，即对玩家如何实现目标做出限制。对什么能做什么不能做、怎么做才能存活更久、在什么情况会面临死亡都有明确的界定。不遵守规则，游戏就会很快结束。规则是为了推动玩家去探索未知的可能空间，释放玩家的创造力和策略性思维。规则是在一个公开的平台，让玩家感觉一切都是自己努力创造的成果。当我们坐下来打麻将时，大家会先决定到底是打北京麻将还是四川麻将，几乎玩任何游戏玩家们都会先确定一下规则。如果没有规则，任何游戏都玩不下去，很容易吵架。

第三，及时反馈，即告诉玩家距离实现目标还有多远。游戏会通过积分、点数、排名、级别、进度等给你及时的反馈，让你知道自己与目标的差距，以及现在的能力状态，让你可以及时调整以达成目标，给予你面对挑战能继续玩的动力，不会给你迷茫和无望的感觉。

第四，自愿参与，即玩家都了解并愿意接受目标、规则和反馈。游戏是相对民主的，没有任何一种游戏是强制玩家参加的，玩家可以自愿参加或退出。这种自愿参与的状态，能让玩家在面临高压挑战时也能保持愉悦的心情（见图8-1）。没有任何人可以在压抑的状态下创造奇迹，有人因此断定金字塔不完全是由奴隶建造的。

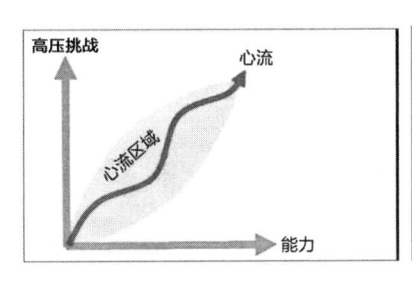

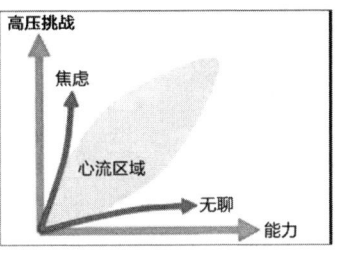

图8-1 游戏使人产生"心流"

目标明确、规则清晰、及时反馈，以及自愿参与这四个决定性的游戏特征，能让我们沉浸在游戏中，产生幸福和积极的情绪体验，而且高强度的智力游戏还会给人一种自豪感，这就是游戏让人疯狂的原因所在。我想（本章的"我"指作者刘荣）讲到这里大家应该能从中领悟到什么。游戏并非像我们想得那样糟糕和负面，游戏中的很多规则会给我们带来新的视角和可能性，我们是否可以从游戏中找到一些可供借鉴的规则，用在职场中呢？

【成长建议】

游戏化四大要素应用指南

1. 目标明确。没有明确目标的游戏不是好游戏，好游戏一定有明确、可量化的目标。

2. 规则清晰。好游戏不应该规则繁多，让人难以在短时间内理解。相反，好游戏的规则通常都简单、易于玩家操作，同时兼具挑战性。

3. 及时反馈。反馈机制遵循即时化、可视化、公众化，形式可以是显性+隐性，显性就是物质反馈，隐性就是精神反馈。

4. 自愿参与。想要更多人愿意玩游戏，一定要符合人性，满足人的核心驱动力。

二、纵横职场：升级打怪，能力跃迁

游戏化激励正是从"好玩"出发，将游戏元素融入管理机制中，把游戏的乐趣、成就和奖励等要素与商业流程、商业体系相结合，激发员工的主动性，让员工能够选择并掌握自己的工作，让工作和游戏一样嗨起来。当工作成为一种游戏，员工才会享受工作，享受工作中的乐趣，热情、想象力、创造力才会蓬勃而出，员工和管理者才会达到双赢。

58同城是标准的互联网公司，员工总数近两万名，其中三分之二是"90后"的年轻员工，他们成长于互联网时代。相对于"70后""80后"，他们更加真实、直接、希望张扬个性和自我，不喜欢严肃的说教的管理方式。严肃正统的理念灌输激不起他们的任何共鸣，想要企业文化深入人心，方式一定要有所变革。所以，58同城公司设计了游戏化的员工手册，让企业文化顺利落地（见图8-2）。

图8-2　58同城公司游戏化的员工手册

58同城公司的员工手册名为《阳光心法》，秘籍首页是一位穿着武侠服装的翩翩君子,这正是他们的董事长姚劲波,此时他已化身成为江湖大神,口中念道"我看你天赋异禀,骨骼惊奇,想来是百年难得一见的练武奇才,打造人人信赖的生活服务平台的重任就交给你了。"这本员工手册印制了五个企业价值观,每个价值观都配有一个有趣的武侠动漫图,再配上简单的文字,视觉化的设计让员工"秒懂",员工手册不再被束之高阁。

为了让新入职的每个小伙伴都可以把自己的行为和价值观紧密地结合起来,58同城公司还设计了游戏化升级。例如,主动协作定义为对于别人提出的要求,可以及时明确地给予反馈,修炼难度为一颗星,特别指南为不默默无视,不含糊其词(见图8-3)。随着秘籍修炼难度的增大,修炼内容也随之升级,如"能够积极参加相关部门事务的讨论,同时不是随便地吐槽,而是能够给组织提出积极的、有建设的意见",修炼难度为两颗星。

图8-3　58同城公司的员工手册之"主动协作"

如果我们掌握了游戏化团队激励机制的精髓,完全可以把游戏化的四大要素运用在自己的日常工作中,对自己手边的工作任务进行游戏化升级,在有趣和高效的过程中完成任务。

【成长建议】

游戏化四大要素在团队激励中的使用

1. 目标明确。团队游戏化激励一定要有清晰的团队目标,这个目标最好是可量化的指标。例如,业绩完成率、投诉降低率、按时上班打卡率等。

2. 规则清晰。团队游戏化激励规则除了简单清晰,便于大家参与外,也要适当设计一些有挑战的环节,以提升不同能力员工的参与感和成就感。

3. 及时反馈。游戏化团队激励的反馈机制建议:结果导向、及时反馈、定量反馈、正面激励、物质+精神奖励。

4. 自愿参与。团队游戏化激励的设计应该具体参考组织文化和部门文化,根据所参加成员的画像,设计大家感兴趣和结合时下热点的游戏。

三、超级玩家:我的工作我做主

我们在写这本书的过程中,把写书的任务也设计成了一款炫酷的游戏,然后运用游戏化的四个核心要素进行自我驱动。

目标明确

要在两个月内完成一本书,为了让目标更加明确,我们用5W模型进行定义（见图8-4）。

（1）Who：谁是这个目标的第一责任人？

（2）Where：目标在什么地点完成？

（3）When：设置时间节点，计划在什么时间完成？

（4）What：为了实现这个目标，我需要做哪些事情？

（5）Why：它对于我有什么重大意义？

按照5W原则开始分解目标的行动线，分别是：

（1）Who：我是这本书的第一责任人。

（2）Where：这本书计划在北京和广州两地完成。

（3）When：时间周期是81天，2020年12月1日动笔，2021年2月20日完稿。

（4）What：完成这本书的过程中需要做以下事情。

① 联系相关出版社，预计出版时间。

② 确定本书的标题和大纲。

③ 收集和整理章节的相关素材。

④ 策划图书的故事线、职场案例、工具模型。

⑤ 邀请专人为本书绘制插画。

⑥ 邀请嘉宾写推荐语。

（5）Why：我希望借本书帮助更多职场人在职场中快速成长。

Who　玩家：谁是这个目标的第一责任人？

Where　地点：目标在什么地点完成？

When　时间：设置时间节点，计划在什么时间完成？

What　事情：为了实现这个目标，我需要做哪些事情？

Why　意义：它对于我有什么重大意义？

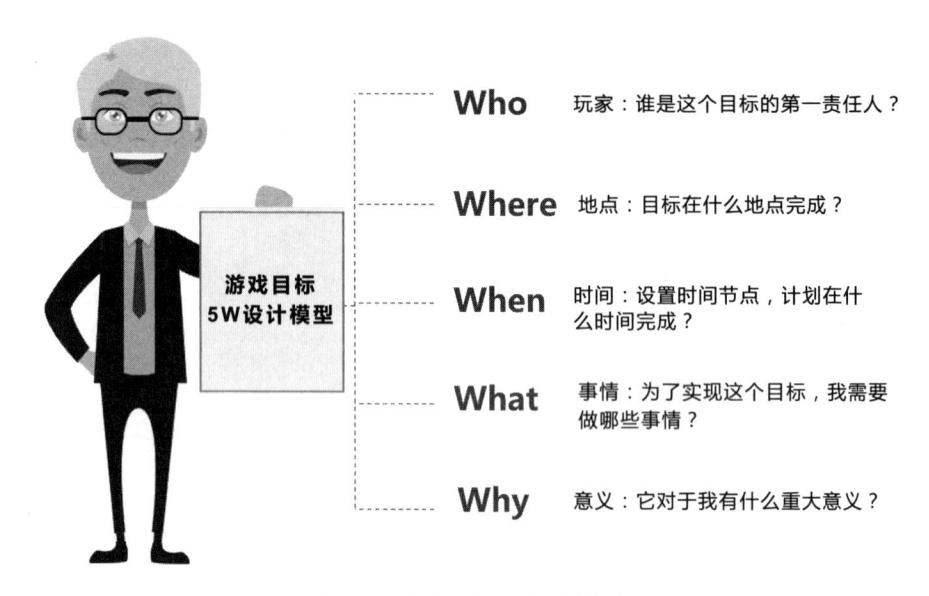

图8-4　游戏目标5W设计模型

规则清晰

为什么要制定规则？是为了让目标可以有效地完成。常用的游戏化规则有挑战规则（Challenge）、社交规则（Social）、时间规则（Time）、奖励规则（Reward）和趣味规则（Interest）（见图8-5）。在写书过程中，我们选择了一些相对简单、容易落地、有趣味和社交性的规则。例如：

（1）挑战规则。这是一种全新的写作体验，案例、方法都来源于真实的职场，用漫画的形式展现案例及实用工具。这与传统的写作方式不一样，对于作者来说是一种挑战。

（2）趣味规则。为了让写作不过于乏味，在这个过程中发挥创造性思维，用故事线+动漫人物的表现形式来呈现。

（3）社交规则。撰写书稿的过程中，和各个领域的专家及高手切磋交流，寻找灵感。

（4）时间规则。每完成一阶段任务，用有仪式感的方式进行复盘和分享。

（5）奖励规则。每完成一个关键任务，对自己进行有仪式感的奖励。

图8-5　游戏化规则设计CSTRI模型

及时反馈

及时反馈是当某阶段完成了分目标，要及时给自己一个奖励，让自己不断达成目标。在写书的过程中，及时反馈有两种表现形式：显性奖励+隐性奖励，显性奖励就是物质奖励，隐性奖励就是精神奖励（见图8-6）。例如，完成了书籍大纲的拟定，奖励自己当晚看一个喜欢的综艺节目。完成了书籍一半的文稿，奖励自己休息一天，看一部心仪已久的大片或去一个喜欢的地方游玩。完成了为本书绘制插画的人员分工，奖励自己一朵小红花，放在朋友圈炫耀一下。

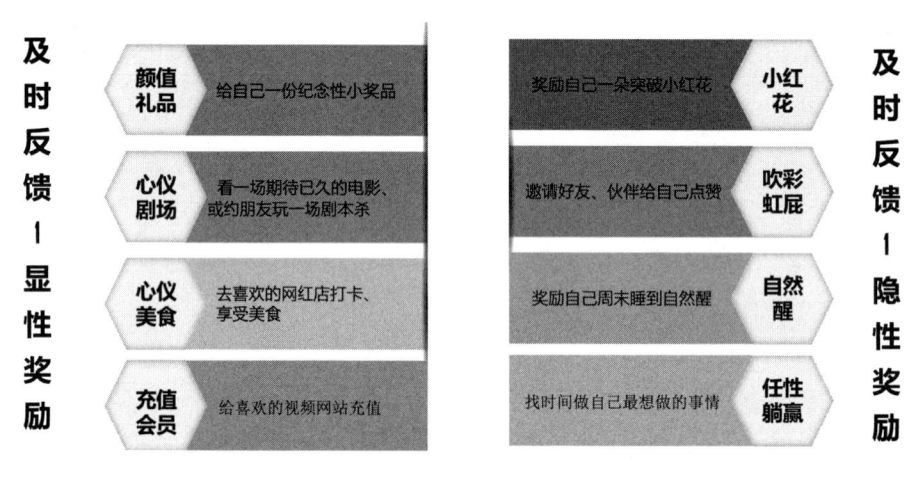

及时反馈 | 显性奖励
- 颜值礼品：给自己一份纪念性小奖品
- 心仪剧场：看一场期待已久的电影、或约朋友玩一场剧本杀
- 心仪美食：去喜欢的网红店打卡、享受美食
- 充值会员：给喜欢的视频网站充值

及时反馈 | 隐性奖励
- 小红花：奖励自己一朵突破小红花
- 吹彩虹屁：邀请好友、伙伴给自己点赞
- 自然醒：奖励自己周末睡到自然醒
- 任性躺赢：找时间做自己最想做的事情

图8-6　及时反馈的两种方式：显性奖励和隐性奖励

自愿参与

自愿参与就是设计游戏时，一定要符合玩家的心理需求，让玩家愿意主动参与。让他们在参与的过程中有心流的投入感才能更好地达到目标。根据游戏化专家的研究，游戏化有八大核心驱动力，其中有外因，也有内因，外因包括使命、成就、拥有、稀缺，内因包括创造、社交、未知、逃避（见图8-7）。在写这本书的过程中，我找到了六个核心驱动力。

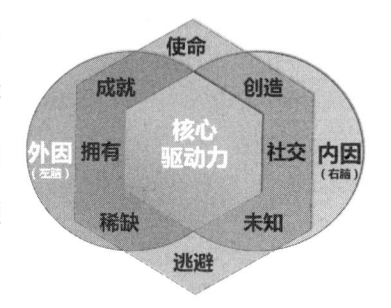

图8-7　游戏化的八大核心驱动力

（1）使命。这本书的定位是职场中的"95后"员工，所以希望里

面的新思维、新工具可以帮助"95后"在职场快速成长，有了这样的使命感和信念感，整个写作的过程中就有了很大动力。

（2）创造。因为希望这本书有料，所以书中有很多实用的工具模型。同时为了保证本书足够有趣，能够满足年轻人的兴趣偏好，所以本书的创作尽可能采取了时代化、趣味化、通俗化的表达方式，这个过程充满了创造的乐趣。

（3）社交。因为写书要系统整理大量的数据和资料，我们会经常和各领域的高手请教、切磋，这种互动交流的方式满足了社交需求。

（4）未知。因为对本书未来的出版发行充满了期待，所以读者会有对未知的新鲜感。

（5）拥有。写作后期，书里有了越来越多鲜活的案例、工具、数据、模型，作者会有充实感，希望能够在书中更好地运用已经拥有的胜利果实。

（6）成就。写一本书，也是对自己过往管理经验和培训经验的总结和梳理，同时帮助更多的职场迷茫期的年轻人，作者会有成就感。

1994年出生的职场小伙伴阿拉神葱是个典型的游戏发烧友，平时喜欢玩各种游戏，她把不同类型的游戏机制研究得炉火纯青，后来还把游戏的核心要素运用到自我激励中，在职场中不断升级打怪，实现了能力的跃迁。她在自己的公司里设计了一套专门针对"90后"助教团队的游戏化激励方式。

目标明确

为了让"90后"培训助教与公司"智二代训练营"培训项目与参

训学员有效融合，助教需要全身心辅导学员，使学员获得极致的学习体验。

规则清晰

（1）挑战规则。如果助教带领的小组学员表现好，助教会荣升公司优秀助教，榜单上每天都有不同的钻石显示每个助教的星级地位（黄钻代表5星，红钻代表4星，蓝钻代表3星，绿钻代表2星，紫钻代表1星）。

（2）社交规则。给每个助教分配与自己角色设计相匹配的挑战任务，如点子大王、魔术达人、数学达人等。例如，数学达人的任务是挑战数学难题，如果带领学员完成了难题的通关战，助教会获得相对应的积分，并且在团队里获得"集体吹彩虹屁"的特权激励。

及时反馈

（1）可视化排行榜。公司的所有员工每天都可以看到助教的星级排行。

（2）积分累计。根据优秀助教的能力素质模型，把助教的能力值分为五个积分标准。高颜值：形象良好，学员评价好。领袖值：有领袖魅力，组织的活动学员愿意参与。亲和值：亲切友善，及时满足和感受学员的需要。引爆值：创意丰富，可以引爆团队活力。贡献值：愿意付出，完成超越学员的期望的事情。助教的五项能力可以根据1~10分的得分进行积分。

（3）积分兑换。表现优秀的助教获得一定等级的积分后，可以用积分兑换不同形式的奖励，奖励分为三种：荣誉奖励、精神奖励和特权奖励。荣誉奖励是印制小红花荣誉勋章，可以在朋友圈晒图。精神奖励是团队的伙伴一起满足助教的愿望清单。特权奖励：不同积分可以兑换不同权利，如休假、免例会、一日自然醒、一天失联卡，以及主管倒贴服务等。

自愿参与

游戏规则和及时反馈的设计是根据"90后"助教的个性和行为偏好量身定做的，符合他们内驱力中的成就、社交、拥有、创造需求，大家参与度很高。

【成长建议】

游戏化四大要素在自我激励中的使用

1. 目标明确。每一个游戏激励一定要有一个清晰的目标，同时这个目标要满足5W要素。

（1）Who：谁是这个目标的第一责任人？

（2）Where：目标在什么地点完成？

（3）When：设置时间节点，计划在什么时间完成？

（4）What：为了实现这个目标，我需要做哪些事情？

（5）Why：它对于我有什么重大意义？

2. 规则清晰。规则不用多，简单易执行就好。可以在以下规则里选择适合自己的：挑战规则、趣味规则、社交规则、时间规则和奖励规则。

3. 及时反馈。每个阶段完成任务后，自己对结果进行及时反馈，奖励的方式可有显性+隐性，显性就是物质奖励，隐性就是精神奖励。

4. 自愿参与。这个游戏是自己愿意主动参与的，在游戏的过程中有你愿意参与的驱动力。

我们在职场中，也可以把自己的工作任务或者不同阶段的目标用以上游戏化激励的方式进行再设计，只要我们掌握了游戏化的四大核心：目标明确、规则清晰、及时反馈和自愿参与，一定可以设计出适合自己的自我激励方式，这样我们就可以提升内驱力，高效地完成任务，同时在这个不断升级打怪的过程中获得能力的提升。

【本章小结——思维导图】

游戏驱动力——用升级打怪实现能力跃迁

玩有引力：四轮驱动，游戏激励

- ✓ 目标明确：即玩家努力达成的具体结果。
- ✓ 规则清晰：即对玩家如何实现目标做出限制。
- ✓ 及时反馈：即告诉玩家距离实现目标还有多远。
- ✓ 自愿参与：即玩家都了解并愿意接受目标、规则和反馈。

纵横职场：升级打怪，能力跃迁

- ✓ 目标明确：团队游戏化激励一定要有清晰的团队目标，这个目标最好是可量化的指标。
- ✓ 规则清晰：团队游戏化激励规则除了简单清晰，便于大家参与外，也要适当设计一些有挑战的环节，以提升不同能力员工的参与感和成就感。
- ✓ 及时反馈：游戏化团队激励的反馈机制建议为结果导向、及时反馈、定量反馈、正面激励、物质+精神奖励。
- ✓ 自愿参与：团队游戏化激励的设计应该具体参考组织文化和部门文化，根据所参加成员的画像，设计大家感兴趣和结合时下热点的游戏。

超级玩家：我的工作我做主

- ✓ 目标明确：目标要满足5W要素：Who、Where、When、What、Why。
- ✓ 规则清晰：挑战规则、趣味规则、社交规则、时间规则和奖励规则。
- ✓ 及时反馈：奖励的方式有两种：显性奖励+隐性奖励。
- ✓ 自愿参与：设计一款游戏时，一定要符合玩家的心理需求，让玩家愿意主动参与。

【本章练习】用游戏化的四个核心要素把工作进行重新设计

1. 游戏设计。选择自己近期的一项工作或者任务进行游戏化设计。

2. 目标明确。运用游戏化目标设计的5W要素对任务进行梳理。
   - Who：
   - Where：
   - When：
   - What：
   - Why：

3. 规则清晰。在以下规则里选择适合自己的规则进行规则设计。
   - 挑战规则：
   - 趣味规则：
   - 社交规则：
   - 时间规则：
   - 奖励规则：

4. 及时反馈。当每个分目标完成了，你将如何对自己进行奖励？
   - 显性（物质）奖励：
   - 隐性（精神）奖励：

5. 自愿参与。你觉得这个游戏你愿意参与吗？它能满足你的哪些驱动力？
   - 外因：使命（　）成就（　）拥有（　）稀缺（　）
   - 内因：创造（　）社交（　）未知（　）逃避（　）

高手云集

打动人心，关注冰冷数据背后的真实人性
4+1唤醒体验，有效提升产品复购率
从KPI到KBI，让大数据抵达真实的需求
增长思维——利用用户画像精准获客
增长思维——用户画像+数据驱动

用户思维——造好「名+利+梦」工厂
引爆嗨点，如何创造用户中的「峰终体验」
运营用户，如何妙用用户中的「吐槽大王」
激活用户，如何让用户和你玩在一起

甘特+番茄，让你在项目中保持节奏
三国布阵，帮你找到项目中的神队友
核心三角力，让你坐上项目管理的C位
项目高手——如何用项目管理让你升维

"名+利+梦"工厂
吐槽大王，峰终体验
用户画像，数据驱动
4+1唤醒体验
核心三角力，三国布阵图
番茄时钟法

第9章

项目高手
——如何用项目管理让你升维

第9章
项目高手——如何用项目管理让你升维

【"铁四角"的第八次聚会：孟小扬的升维困惑1】

孟小扬现在迫切需要大家为他把脉，他在一个知名的电子商务平台做技术研发，对于技术原本一直抱着很大的兴趣，对工作也非常投入。但兢兢业业工作了一年多之后，孟小扬发现由于自己长期钻研技术，平日不善与人交流，上次在项目合作中和项目经理意见不合，不仅使自己的年度绩效考评分数受到影响，还影响了项目进度。

孟小扬心里非常委屈，自己对工作一直认真负责，但不知为何和项目经理想的总是不一样，他不明白哪里出了问题。看到孟小扬为此感到烦恼，上进狂魔梁小栋给他推荐了一位技术开发大神，说自己在和这位大神交流的过程中，对项目管理有了醍醐灌顶的洞见，建议孟小扬有机会也向他好好请教。

这天，孟小扬约了这位传说中的大神，在大神的指点下，他学到了很多高手的思维，也开始对项目管理有了新的认知。他才意识到自己一直从事技术工作，看问题的角度有点狭窄，没有站在更高的维度整体地看之前的项目合作。他决定找机会系统地学习项目思维，让项目管理思维帮助自己在职场更好地发展。

现在，轮到你了：

1. 你觉得自己在工作中需要项目思维吗？

2. 作为新人，你如何参与到公司重大的项目中，并且获得专业的经验？

3. 如果你有机会成为项目负责人，你会如何开展这个项目并有效地完成它？

一、核心三角力，让你坐上项目管理的C位

职场工作通常有两种类型，一种属于你的工作职责范围之内，它会按照你工作的流程、步骤、表单被公布出来。另外还有一种工作，它不在你的职责范围之内，属于公司临时或突然创建的一些项目，这

些项目有公司级的，有部门级的，还有很多员工合作的临时项目组。这些项目最大的特点就是参加的人往往是来自不同职能和不同部门，大家在几周或者几个月的时间内迅速产生一个成果，这就是需要不同部门配合完成的临时项目的特点。

对于职场新人来说，参加临时项目的好处是什么呢？一项任务从立项到展开、到分工，到彼此合作，最后大家要协同一起交付项目成果，是一件复杂的事情，从头到尾你都能深度参与。所以，参加项目从某种意义上比本职工作都要重要，因为往往你在越大的公司，对整个公司做事的方法了解的越有限，而一个项目会让你更了解这个公司真正的做事方式，对自身能力的锻炼也比较全面。

项目思维就是当你越了解项目管理的时候，就越可以把自己的日常工作以做项目的方式来完成，在某个时间段内和不同的人进行合作最后完成一个目标。一旦掌握这种能力和思维，你在组织中的成长的速度就会非常快。很多新人在进入职场的时候，会有一些成长认知的误区。有些人会觉得很多项目没能激励自己，加班还很多，甚至在参加项目的同时还不能耽误本职工作，甚至很多项目都是临时性的，并非自己领导带的，所以很多员工都不太重视它，从而忽视了参与项目对提高新人能力的重要性。

如果有机会成为某个项目的负责人，你首先要了解项目管理专业人士所需要具备的能力，那就是项目经理PMI人才三角（见图9-1）。

图9-1　PMI人才三角

PMI人才三角重点关注三个关键技能组合：

（1）技术项目管理。与项目、项目集和项目组合管理特定领域相关的知识、技能和行为，即角色履行的技术方面。

（2）领导力。指导、激励和带领团队所需的知识、技能和行为，可帮助组织达成业务目标。

（3）战略和商务管理。关于行业和组织的知识和专业技能，有助于提高绩效并取得更好的业务成果。

虽然技术项目管理技能是项目集和项目管理的核心，但PMI的研究指出，当今全球市场越来越复杂，竞争也越来越激烈，只有技术项目管理技能是不够的，各个组织都在寻求其他两项技能：领导力与战略和商务管理。来自不同组织的成员均提出，这些能力可以有助于支持更长远的战略目标以实现赢利。为发挥最大的效果，项目经理需要平衡这三种技能。

综上所述，一个项目经理需要具备软技能和硬技能，硬技能就是项目经理需要清晰地定义这个项目，然后确定项目的边界，还要确定项目关键的内容、步骤、分工、人选。因为项目要分头来做，所以项目成员还要经常开一些例会进行推进，其中有一个词叫里程碑，就是把一个大的项目分成几个关键的里程碑，在不同的里程碑时间节点要交出什么结果。每次项目会议还要评估每个人工作的进展情况，进展慢了要做调整和改变。项目经理的硬技能就是把一个复杂的事情通过团队分工合作完成，就是管理事务的能力。

项目经理的软技能是管理项目组成员和激发项目组成员工作活

力的能力。因为一个项目由不同部门层级的人共同参与，大家也都有自己的本职工作，而且很多人平时可能都不归项目经理直接考核，项目经理对他们也没有很强的约束性。这个时候项目经理应该如何去推动不同的人彼此承诺、互相激发，不同的项目组成员之间应该怎么分工，处理所有人之间的合作模式是什么，以及项目中可能会出现的一些风险或问题应该如何进行事先备案、事后处理等，都考验项目经理的软技能。

如果项目经理不具备这些软技能的话，他就可能需要一个人加班，对很多事情都亲力亲为，让自己累得半死，或者对所有人都不放心。即使最后完成了项目，自己也不开心，团队成员也发现领导太独了，大家在这个过程中没有参与感，这样的项目经理其实没有起到应该起到的作用。好的项目经理一定能把事情厘清，把人的潜能激发出来，完成这个项目之后，大家都开心，因为他们在这个项目过程中获得了成长，有了能力的提升，在深度合作的过程中有很强的参与感，下次再组织其他项目的时候，这些成员还愿意继续参与进来。

我（本章的"我"指作者刘荣）在这里分享一个成功的跨城市项目合作的案例，那就是2021年1月"蜂巢讲师俱乐部"的迎新晚会（蜂巢是全国最大的职业讲师社群）。这次线上迎新晚会中，无论是精彩的开场主持、社群领袖的专业分享、让人感动的颁奖典礼、搞笑有趣的才艺展示，都让大家耳目一新，得到社群近千名成员的一致好评，这次迎新晚会也给蜂巢讲师俱乐部的伙伴注入了满满的能量与希望。

整个项目结束，项目组成员进行了复盘并将这次项目管理的宝贵经验总结成了五点。

（1）战略力。核心成员在活动倒计时前15天开始筹备立项，成立了晚会专项小组，选出了项目总负责人和核心成员，他们把晚会的核心任务分解为若干个小任务，并对每个任务设置了时间节点，建立了定期跟进的会议机制。

（2）洞察力。项目总负责人根据组员的个人优势进行任务分工，有粉丝流量的担任首席传播官，能够提供创意和新点子的担任首席策划官，行动力强的担任首席执行官，擅长视频编辑的做首席技术支持，擅长编排节目的做首席舞美师。所有成员分工合作，高效配合，项目进展非常顺利。

（3）黏合力。因为项目成员分布在全国不同城市，所以项目总负责人设置了每天在工作群对大家的工作进行点赞的反馈机制，让项目成员一直保持高能量的工作节奏。

（4）推动力。在每个分任务结束的时候，项目总负责人会进行里程碑的庆祝仪式，一起撒花庆祝高光时刻，带领大家分享彼此的成就与收获，然后冲刺下一个任务节点。

（5）赋能力。项目总负责人一定要会调动工作氛围，可以在关键节点不断给成员赋能，让大家自始至终保持在一种好的工作氛围里，彼此分享成就，共同突破困难。

记得那次迎新晚会结束当晚，所有项目成员都非常开心，大家一起视频连线举杯祝福，共同分享晚会成功的喜悦，相信未来如果有机会合作，这些项目组伙伴一定会愿意继续合作，因为在这个过程中大家不仅收获了快乐与友情，更提升了能力，实现了自我成长（见图9-2）。

图9-2 项目成员留念示意图

【成长建议】

优秀项目经理需要掌握的"五力"

1. 战略力。可以清晰地定义项目，对项目有战略性思维，能够确定项目关键的内容、步骤、分工和人选。

2. 洞察力。可以根据项目的核心任务选择能力匹配的项目成员，让所有人优势互补。

3. 黏合力。可以通过自己的影响力把项目成员黏合在一起，目标统一，各自分工。

4. 推动力。可以把一个大的项目分成几个关键的里程碑，让整个项目保持有效的节奏。有效地管理项目时间，确保项目任务如期完成。

5. 赋能力。在项目过程中，不断赋能项目成员，让大家保持在充满激情的工作状态里。在不同的里程碑时间节点确定交出结果，并举行有仪式感的庆祝。

二、三国布阵，帮你找到项目中的神队友

在项目里什么样的队友是神队友？很多初入职场的伙伴会根据自己的关系来找项目合作成员，其实项目可以高效完成就是让合适的人做合适的事。首先，我们要厘清这个项目要做什么事，这件事情需要什么能力，把事想清楚后再去看身边的伙伴，特别是熟悉的、有信任关系的人中，哪些人适合干什么事。所以，项目管理是先理好事再找人，不要从关系的角度找人，而要从需要的角度去找人。

一个项目能够做好往往是不同类型的人一起合作，我们可以看看在一个团队里，不同性格的人具备什么样的优势，你如何根据不同的任务匹配不同的项目成员。

《三国演义》的核心团队就是一个非常好的项目人员画像，我们用它来做分析，看看项目里什么任务适合匹配什么人选。张飞主要的工作是攻占某个村寨或打败某支军队，所以他负责以超强的行动力为团队做好开路先锋。关羽既帅气又有能力还重情义，在团队里可以发挥个人的魅力和影响力，为团队获得了很多粉丝和舆论的支持。刘备虽然看起来没什么突出的特长，但他是协调高手，他善于用情感维系彼此的关系，让每个人都认识到自己的价值，并且为此奋斗。诸葛亮的任务是负责全盘管理和规划，他追求完美，做事严谨，事无巨细，

第9章
项目高手——如何用项目管理让你升维

亲力亲为。

我们在这里可以看到以上的人员各有优势，所以项目中我们要根据不同的任务匹配不同的性格优势，取长补短。同时针对每个人的优势和弱点，项目负责人可以用以下不同的激励方式（见图9-3）。

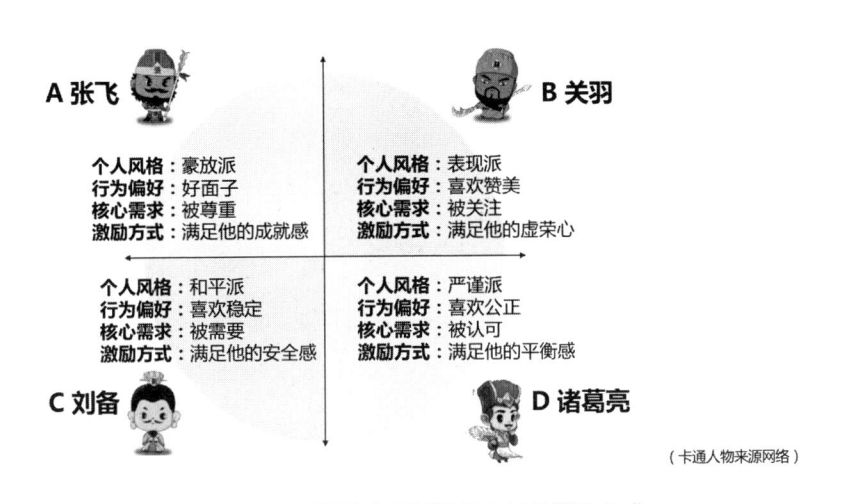

A 张飞
个人风格：豪放派
行为偏好：好面子
核心需求：被尊重
激励方式：满足他的成就感

B 关羽
个人风格：表现派
行为偏好：喜欢赞美
核心需求：被关注
激励方式：满足他的虚荣心

C 刘备
个人风格：和平派
行为偏好：喜欢稳定
核心需求：被需要
激励方式：满足他的安全感

D 诸葛亮
个人风格：严谨派
行为偏好：喜欢公正
核心需求：被认可
激励方式：满足他的平衡感

（卡通人物来源网络）

图9-3 项目团队中不同性格人员的激励方式

张飞型员工在工作中行动果断，反应快，他们以任务为主并要求有具体的结果，他们拒绝犹豫不决和没有效率的工作环境，因为他们具备创新改革的勇气，所以也常是组织里的火车头。但是他们的缺点是没有耐心，不善于倾听，主观意识浓，有的时候做事情显得比较急促。所以在表扬和激励张飞型员工时，要赞赏他们的个人能力，多表扬他们的影响力。

关羽型员工在工作时有敏捷的思维，点子多，说服力强和擅长影响别人想法的特点。他们的优点是热忱，说服力强，有社交能力，弱点是若参与过多的事情，会缺乏耐心，注意力不持久，容易感到乏味，好坏差异很大，喜欢时对工作充满热情，不喜欢时像泄了气的皮球。在表扬和激励他们的时候要当众赞美，或拍肩膀给予他与众不同的评语。

刘备型员工在工作中希望别人友好而真诚，不喜欢压力，不喜欢急促的工作环境，他们喜欢凡事做好计划，并期望大家按照计划行事。他们的主要优势在于擅长与人建立关系，能够关心别人和照顾别人的感受，他们的优势是处理人际关系，弱势在于不够果断，过于敏感，自信心和企图心不够。所以在表扬和激励他们的时候，要在私下表达，他们会更有安全感。

诸葛亮型员工在工作中注重细节和程序，喜欢先收集数据和资料再做决定。他们是系统性解决问题的能手却不是果断的决策者，他们的优势是准确可靠，独立持久、有调理，弱势在于缓慢保守、较苛求和过分小心。所以表扬和激励他们时要说清楚因何而表扬他，会让他更有满足感。

【成长建议】

项目团队中不同性格人员的激励方式

1. 张飞型。核心需求是被尊重，所以激励的时候要满足他的成就感。

2. 关羽型。核心需求是被关注，所以激励的时候要满足他的虚荣心。

3. 刘备型。核心需求是被需要，所以激励的时候要满足他的安全感。

4. 诸葛型。核心需求是被认可，所以激励的时候要满足他的平衡感。

摘选：李海峰《DISC性格简介》

三、甘特+番茄，让你在项目中保持节奏

项目经理在项目中除了需要具备软硬件的技能，还要有两种核心管理能力，一个是时间管理，就是设置每个分任务完成的节点。另一个是质量管理，就是完成的同时保证任务的质量。为了确保以上这两点，项目经理在项目中需要设立两个轴，一个是"时间轴"，一个是"质量轴"。例如，我们在一个大项目中一定要设置几个大的时间节点，按周度、月度、季度来推动这个项目有序地完成，同时为了能够让项目团队在每个时间节点能够有效完成，如期进行到下一个节点，有个方法是"积小胜为大胜，建立里程碑仪式感"，就是成员在项目过程中的每个节点完成任务之后，在团队内部进行有仪式感的庆祝，先让大家共同见证这种成功，再向下一个节点进行冲刺会让大家更有信心。

如果你在工作中参与了很多的项目，就需要一种方法来保证自己处理所有事情的进度，以按时完成项目。所以，你需要使用甘特图。甘特图是一种简单的项目管理技术，可以帮助你计划活动和跟踪所有项目的进度，让你对项目中所有任务的进度一目了然。简单来说，项目进度表是一个简单的图表，可以告诉你需要做什么，这些事

情什么时候需要做。图的左侧显示需要完成的任务，右侧作为时间线。时间线上的每一项活动都有一条显示该活动需要多长时间的栏（见图9-4）。

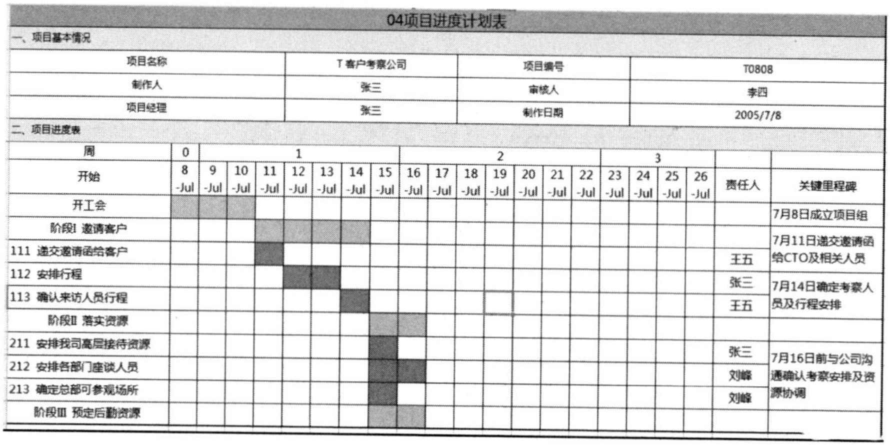

04项目进度计划表

一、项目基本情况

项目名称	T客户考察公司	项目编号	T0808
制作人	张三	审核人	李四
项目经理	张三	制作日期	2005/7/8

二、项目进度表

周	0	1							2							3					
开始	8-Jul	9-Jul	10-Jul	11-Jul	12-Jul	13-Jul	14-Jul	15-Jul	16-Jul	17-Jul	18-Jul	19-Jul	20-Jul	21-Jul	22-Jul	23-Jul	24-Jul	25-Jul	26-Jul	责任人	关键里程碑
开工会																					7月8日成立项目组
阶段I 邀请客户																					7月11日递交邀请函给CTO及相关人员
111 递交邀请函给客户																				王五	
112 安排行程																				张三	7月14日确定考察人员及行程安排
113 确认来访人员行程																				王五	
阶段II 落实资源																					
211 安排我司高层接待资源																				张三	7月16日前与公司沟通确认考察安排及资源协调
212 安排各部门座谈人员																				刘峰	
213 确定总部可参观场所																				刘峰	
阶段III 预定后勤资源																					

图9-4　华为项目管理的甘特图模板

甘特图可以帮助我们高效地完成项目，在项目中使用它有五点好处：

（1）整理你的想法。可以帮你在做项目的时候兼顾所有事情的进度，当你能够完整地考虑全局时，你就可以将每个项目的各个部分划分开，使完成工作变得更加容易。你可以一件一件地做一些小事，然后看到结果，而不是一下子把所有的事情都集中在一起，导致自己毫无头绪。

（2）跟踪你的进度。你可以看到正在做的项目取得了多大的进展，可以使用这个图来优先安排和分配高级任务，这样可以先完成最重要的事情。你总是可以知道自己是否在正轨上，还有什么事情需要做。

（3）设定真实的时间范围。因为甘特图的右侧是时间线，所以你可以看到自己正在做什么，何时需要完成某些任务，以及完成任务需要多长时间。确保在设定时间范围时，按时完成在同一时间范围内需要做的其他事情。这将有助于你避开那些会妨碍你完成工作的干扰。

（4）把事情搞清楚。通常图表要比信息段落更容易阅读。甘特图以图的形式为你提供了所需的信息，以便你看到整个画面，并完全理解它。这比你自己拼凑信息，然后再去解决问题要清楚得多。

（5）随时通知你的团队。当你把甘特图放在整个团队都能看到的地方时，每个人都能掌握事情的进度，也能更快地完成项目。甘特图会让每个人都知道任务是什么，什么时候要完成任务，以及完成任务的过程。这将对你的团队的表现产生巨大的影响，项目也会更快更好地完成。

同时，为了让项目的每个成员高效地完成任务，还需要成员个人具备非常好的时间管理能力。因为各项目成员都来自不同的部门，需要彼此重新协调，而且原定的计划有时候会有很多突发的状况，每个成员都是在本职工作外做项目，这个时候就需要成员有更好的时间管理技巧，并且要会用自己的能量去做事情。

项目成员的时间管理的优先顺序可以按照时间管理的四个象限来区分，有明确时间节点的紧急的事情，还要按照优先顺序排列。从项目角度来说，一般项目经理会从紧急的角度去安排事情，什么急优先安排什么，但优秀的项目经理会根据事情的重要性来安排先后顺序，他们甚至能够未雨绸缪，当一件事情还没有那么紧急的时候就应开始行动了，因为一些重要不紧急的事情你如果不很快去处理，它就会移动到紧急又重要的象限。项目经理一定要清楚，一旦团队成员进入每天都在做紧急的事情，重要紧急的或者不重要紧急的，那整个团队的情绪就会比较浮躁，并且大家很难深入地进行思考，经常是东忙一下、西忙一下，甚至情绪状态也不好。当一个团队都很忙碌反而低效的时候，说明我们之前有很多工作都没及时做，而是像救火队员一样在赶活。

所以项目经理把整个项目分成四个象限是要识别出重要但不紧急的事情，这样的事情也要立刻排到日程上来，这样处理能够减少未来的各种紧急状况。美国著名管理学家科维提出的一个时间管理的理论——时间四象限法，把工作按照重要和紧急两个不同的程度进行了划分。所有工作基本上可以分为四个象限：既紧急又重要、重要但不紧急、紧急但不重要、既不紧急也不重要。在项目管理中也一样，把项目任务按处理顺序划分：先是既紧急又重要的，接着是重要但不紧急的，再到紧急但不重要的，最后才是既不紧急也不重要的。

美国的一份研究显示，员工在办公室上班时，大约每三分钟就会被打断一次工作。这份研究还表明人们在电脑屏幕同时开启的窗口数平均为一个。精神病学家爱德华·哈洛威尔创造了名词"注意力缺乏特征"来描述这种恶劣的现代生活方式。滚滚而来的信息洪流将大脑淹没在其中，想象一下如下场景：当你开始新的一天正在整理新收的电子邮件，IT部门打电话催你马上填一些表格，然后一位同事来你的房间询问工作上的事，与此同时你接到电话需要立即提供一些会议所需的资料。心理学和脑的新研究表明，急事处理和应对干扰的能力都面临着同样的瓶颈，由于工作记忆的容量有限，每一次干扰都会使大脑工作台上的原始信息丢失，当注意力丢失时，找回它需要我们付出昂贵的代价。现代生活中，很多人也经常被网络、手机、各种信息不断干扰，当你受到这些干扰的时候，你只能做表面思考，而很难把事情做精细。

那什么时候人可以做到深度思考呢？就是在做一件事情持续15分钟以上的时候，能量才更集中，甚至这种状态会达到心流体验，心流是心理学中发现的最高效的工作的状态。人在这种状态下会忘掉时间，这个时候处理复杂的问题会出现很多睿智的观点和好的灵感。所以当人能够专注地做一件事情持续15分钟以上时，他能够处理复杂的问题。

在现实的职场中，一个项目的工作模式是大家经常在同一时间段加班。所以项目经理要刻意维护一种每个人都能够不太受别人干扰的工作氛围。好的项目经理会推动团队的每个人都处于高效的工作状态，并且大家还能够随时相互交流。当项目经理发现团队处于这种状态的时候，就要想方设法让这种状态持续的时间更长一些。只要大家在这种状况下更长时间，生产的成果就会越多，碰撞的智慧灵感也会越多，并且大家喜欢这种状态。一旦团队喜欢这种状态的时候，人们就会喜欢在项目中工作，甚至觉得在职场中最好的工作状态是在某个项目中的工作状态。那是项目经理带领团队获得的一种特别的工作体验。

为了高效而有节奏地完成项目，项目成员需要聚焦能量，保持专注，所以有一种很好的时间管理方法是"番茄工作法"，这个方法主要是培养一个人专注做事的能力。只有当一个人专注做事情的时候，才能聚焦所有的能量，工作的速度和质量都会非常好。番茄工作法就是让人持续做一件事情25分钟后休息5分钟，然后再启动一个25分钟的工作模式，再休息5分钟。《番茄工作法》的作者拿自己来练习番茄钟，发现大多数情况下一人一天能有七个番茄钟就已经很高效了，一般人很难能够在这么长的时间内持续进行工作，整个过程中总会有各种干扰，自己很难高度聚焦（见图9-5）。

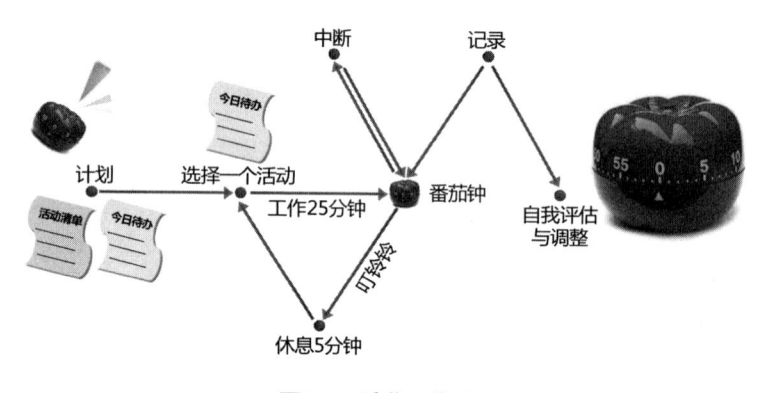

图9-5　番茄工作法

【成长建议】

项目中保持节奏的管理技巧

1. 要能够兼顾所有事情的进度，学会使用甘特图，横轴为管理项目时间，纵轴为管理项目质量。

2. 为了提升项目成员的个人能量值，可以使用番茄工作法，每25分钟内持续进行工作，中间间隔5分钟为休息时间。

3. 积小胜为大胜，建立里程碑式的仪式感进行庆祝。把每个大任务分解为若干个里程碑的小任务。当每个小任务完成时，让项目成员一起见证胜利后，再向下个节点冲刺。

【本章小结——思维导图】

项目高手——如何用项目管理让你升维

核心三角力，让你坐上项目管理的C位

- ✓ 技术项目管理：与项目、项目集和项目组合管理特定领域相关的知识、技能和行为，即角色履行的技术方面。
- ✓ 领导力：指导、激励和带领团队所需的知识、技能和行为，可帮助组织达成业务目标。
- ✓ 战略和商务管理：关于行业和组织的知识和专业技能，有助于提高绩效并取得更好的业务成果。

三国布阵，帮你找到项目中的神队友

- ✓ 张飞型队友：核心需求是被尊重，激励方式是满足他的成就感。
- ✓ 关羽型队友：核心需求是被关注，激励方式是满足他的虚荣心。
- ✓ 刘备型队友：核心需求是被需要，激励方式是满足他的安全感。
- ✓ 诸葛亮型队友：核心需求是被认可，激励方式是满足他的平衡感。

甘特+番茄，让你在项目中保持节奏

- ✓ 要能够兼顾所有事情的进度，学会使用甘特图，横轴管理项目时间，纵轴管理项目质量。
- ✓ 为了提升项目成员的个人能量值，可以使用番茄工作法，每25分钟内持续进行工作，中间间隔五分钟为休息时间。
- ✓ 积小胜为大胜，建立里程碑式的仪式感进行庆祝。把每个大任务分解为若干个里程碑的小任务，当每个小任务完成时，让项目成员在一起见证胜利后，再向下个节点冲刺。

【本章练习】提升项目管理的自我测试

1. 项目管理五力自测。在以下项目管理的能力中，给自己从1到5分进行打分，并写出有效提升的方法。

    - A. 战略力（分值：　　　　提升方法：　　　　　　）
    - B. 洞察力（分值：　　　　提升方法：　　　　　　）
    - C. 黏合力（分值：　　　　提升方法：　　　　　　）
    - D. 推动力（分值：　　　　提升方法：　　　　　　）
    - E. 赋能力（分值：　　　　提升方法：　　　　　　）

2. 三国排兵布阵。在你实践过的项目团队里，请找出与之工作特点相对应的伙伴。

    - A. 张飞型（　　　　）
    - B. 关羽型（　　　　）
    - C. 刘备型（　　　　）
    - D. 诸葛型（　　　　）

3. 项目甘特图。写出你目前可以进行项目思维的一项工作，用甘特图做出计划。

4. 番茄工作法。写出提升时间管理的几个有效方法。

第10章

用户思维
——造好"名+利+梦"工厂

【孟小扬的升维困惑2】

用户思维

> 用户不是上帝，而是朋友，如何才能和用户玩在一起才最重要！

跟进了项目一段时间，孟小扬的项目思维获得了很大提升。孟小扬对项目的战略定位有了更深刻的理解，工作效率更高。项目经理也很满意，在项目中期还专门安排他作为项目助理，带领团队高效行动。孟小扬最近负责的项目比原计划提前三个工作日结束，交付的质量非常好，因为在项目中的出色表现，他得到了公司领导的一致好评。

最近公司新成立了一个产品研发部，研发部的经理已经确定，但下面的主管还没有合适的人选，公司准备通过内部竞聘的方式来进行选拔。因为这个部门的核心工作是新产品客户开发，所以在甄选人员方面，有项目工作经验和用户思维者优先，但在公司符合这样要求的人选寥寥无几。

因为孟小扬一直在和培训论坛上认识的一些互联网大神请教切磋，耳濡目染对用户思维有了新的认知，之前只是从内部视角和专业视角看待产品，现在则会从外部视角和用户视角看待产品，所以他觉得自己的用户思维比一般员工更符合组织需求，很想争取这次竞聘机会。但同时他觉得，自己在用户思维方面还有很大的提升空间，所以想加强这方面的能力，他又去请教了身边的大神，为这次竞聘做积极的准备。

现在，轮到你了：

1. 你是如何看待目前常说的用户思维的？

2. 作为新人，你如何提升自己的用户思维，让自己的工作发挥更大价值？

3. 如果有机会成为产品负责人，你会如何将用户思维运用到工作中，以创造更大价值？

一、激活用户：如何让用户和你玩在一起

虽然现在很多企业里还有以领导为中心的思维方式，这些企业

让领导定目标、评估、反馈，甚至让领导来决定具体的业务细节。尽管这种以领导为中心的企业还有很多，但现在也有更多的企业在战略层面和决策层面意识到用户的价值，这些企业在自己的使命和价值观里已经开始以用户为中心，从用户的视角看待企业每个工作的价值，这样的声音越来越多，也成了更流行的趋势。对于刚进入职场的年轻人来说，虽然耳边充斥着领导的声音，但大家要坚定地相信，企业存在的意义是持续为用户创造价值，所以评判一个员工的工作是否有价值，或者其在工作方面的想法是否正确，最核心的评价者不是企业领导，而是企业的用户。所以，新时代的员工在头脑中一定要有用户的声音和视角，需要用用户思维判断自己的工作完成得如何。

我们描述用户的时候常常只用一些大数据，这样其实并不能对用户的具体形象产生画面感，而用户应该是活灵活现的，我们尽量要用个性化的标签让用户的形象立体起来。同时，在设计产品的时候，要用各种方式让用户和产品玩在一起，不断提升他们在设计过程中的参与感。

最早提出让用户参与产品设计的是维基百科。维基百科就是用户参与模式的产物，它的创作者不是一群被精心挑选的专家，而是成千上万个相关词条的爱好者和旁观者，他们创造了一个超级伟大的产品。在这种模式下，用户不仅使用产品，还对产品产生了拥有感，也会参与改善产品质量，这就是所谓的"人人都是产品经理"。参与感的核心做法是拉用户进来，和用户一起玩。

小米为了营造用户的参与感，制定了"333法则"。这个法则有三个元素。第一个元素是开放参与节点。除了编写工程代码部分，用户可以参与其他的产品需求测试和发布部分。这种开放是能够让企业和用户双方都获益的，企业根据用户的意见不断迭代和完善产品，用户也拿到了自己想要的产品。第二个元素是设计互动方式。它基于论坛用户的意见，确定用户所期待的产品的颜色。第三个元素是扩散口碑和事件。小米在发布之初，MIUI的内测用户只有100人，为了向那些曾默默支持小米的用户致敬，小米科技拍摄了微电影《100个梦想的赞助商》，它讲述了一位洗车工舒赫，虽然他只有捷达车却不放弃梦想，在100个梦想赞助商的帮助下，成功成为赛车手并赢得比赛的故事。本片在2013年的米粉节首次发布，感动了在场的创始人和无数米粉。小米内部基于鼓励分享机制，以最早参与测试的100个用户为原型拍摄了微电影《100个梦想的赞助商》，这就是参与感的放大器。

得到App的运营方式也提升了很多用户的参与感。很多用户每年看《看时间的朋友》跨年演讲，这是因为得到App让大量用户参与公司的运营，让大量用户有机会给公司提出不同建议。每周二有得到App的公司例会，他们会把这个例会以线上直播的形式让所有用户免费观看，用户还可以对直播进行回放、留言、点评、跟帖、吐槽和贡献资源。得到App的员工只有500多人，但很多时候例会的留言和跟帖数量多达成百上千个，很多用户和粉丝在为得到App的发展献计献策。

用户为什么愿意和我们玩？其实离不开三个元素——名、利和梦（见图10-1）。名，就是让用户得到尊重，得到名气。例如，线上读书会给读者的荣誉勋章和小米给用户的"荣组儿"标签。利，就是让用户获得一些利益。例如，让用户获得赚钱的机会和人脉资源。梦，就是让用户有实现梦想的平台。例如，得到高研院每学期有一次毕业典礼，可以让不同行业的优秀学员在毕业典礼上进行分享，被更多的人看到。如果这名优秀学员行业经验很丰富，也有可能成为得到平台的合作讲师。小米也是一样，小米有个荣誉开发组，外号叫"荣组儿"，就是技术能力很强的一些粉丝，这个荣誉开发组为产品贡献了无数条意见。每次小米有发布会都会邀请粉丝给小米做产品经理，做用户体验的评测员，小米会在内部会上邀请"荣组儿"的代表到小米内部参加论证会，并且这个代表有一票否决的特权，只要觉得某个项目不够好，这个项目就不能上马。很多公司的CTO如果被小米邀请参加内部的成长会，会非常自豪，甚至会推掉自己公司的内部会议，去参加小米的成长会。这整个过程就是用"名、利、梦"的元素吸引更多的用户参与，让他们在参与的过程中获得乐趣，满足他们的心理诉求，从而使他们成为忠实粉丝，公司也能够在用户运营的过程中不断了解用户的声音。

名 让用户得到尊重，得到名气

利 让用户获得利益

梦 让用户有实现梦想的平台

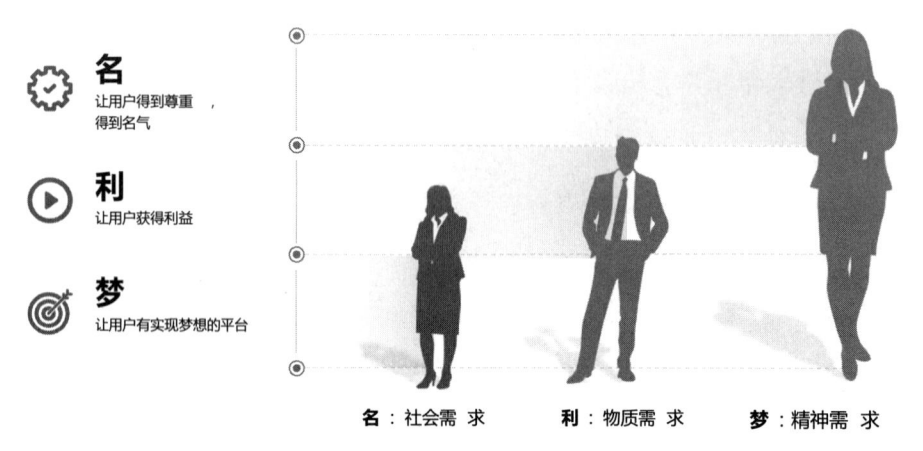

名：社会需求　利：物质需求　梦：精神需求

图10-1　用户的三重需求"名+利+梦"工厂

【成长建议】

如何激活用户的"名+利+梦"工厂

1. 名：让用户得到尊重，得到名气。例如，线上读书会给读者的荣誉勋章和小米给用户的"荣组儿"标签。

2. 利：让用户获得一些利益。例如，让用户获得赚钱的机会和人脉资源。

3. 梦：让用户有实现梦想的平台。例如，得到高研院每学期有一次毕业典礼，可以让不同行业的优秀学员在毕业典礼上进行分享。

二、运营用户：如何妙用用户中的"吐槽大王"

我们常看到不同用户对产品有不同的评价，即使对同一款产品也会有不同的声音，这其中还会有很多"吐槽大王"。"吐槽大王"往往观点犀利，并且用词让人感觉尖酸刻薄，他们常常会看到和提出产品的要害问题，而且这些"吐槽大王"一般很有感召力，在用户中是意见领袖，常常语不惊人死不休，会非常尖锐地说出很多问题。很多时候我们面对这样的"吐槽大王"心里其实挺抗拒的，对于吐槽的事情也感到担忧和害怕，怕这些吐槽带来一些负面的影响和不好的效果。但在这个过程中，如果我们愿意开放心态，就可以慢慢培养一种"拥抱吐槽"的能力。因为"吐槽大王"往往是一群能够更早发现产品或者服务中的一些问题的人，发现问题之后，他们不会隐藏，而是会用极具感染力的语言表达出来，引起很多人的共鸣。每一个质疑的背后，都有一个正向期待。

其实，如果善用"吐槽大王"，就会发现他们身上有很宝贵的价值。第一，"吐槽大王"往往都有非常锐利的眼睛，观察力非常强，他们往往具有优秀的产品经理的特质，会比大多数用户更敏锐地察觉到这个产品的好坏。如果产品经理对产品的好坏不敏锐，那么做出的东西使用率一定很低。所以，"吐槽大王"在"吐槽"的时候，我们要竖起耳朵去听，把他们情绪的因素剥掉，客观认真地听他们说的那个槽点到底是什么。这个槽点有可能是内部人员没有发现的问题。第二，"吐槽大王"往往会吸引大家的眼球和博得关注。现在大家发现，不光好事情会吸引大家的注意，很多不好的事情也会引爆全网。例如，雷军之前发表演说用了印度口音的英语，引发了很多人的关注。当记者采访很多年轻人问他们有什么感受时，有些人还很开心地说"因为雷总的演讲，让我对自己的英语充满了自信"，还有很多人因为这种蹩脚的英语，竟然对雷军路转粉，成了他的支持者，因为他们发现之前充满光环效应的雷军其实和自己一样，也有很普通的一面。所以，槽点如果传播得力，也是一种效应。

我们要善于借助"吐槽大王"吸引他人眼球所得到的传播效应，让"吐槽"不断帮助产品扩大其影响力。为什么很多明星抢着上综艺《吐槽大会》呢？其实是想通过吐槽博得广泛的关注，一件产品如果没有任何槽点，就意味着没有办法引发话题。

【成长建议】

如何妙用"吐槽大王"

- 每一个质疑的背后,都有一个正向期待。
- 利用"吐槽"的槽点让产品不断完善和升级迭代。
- 借助"吐槽大王"吸引他人眼球的传播效应,让"吐槽"不断帮助产品扩大其影响力。

三、引爆嗨点:如何创造用户的"峰终体验"

"峰终定律"是2002年诺贝尔经济学奖获得者丹尼尔·卡尼曼教授提出的。他认为:人的大脑在经历过某个事件之后,能记住的只有"峰"(高峰)和"终"(结束)时的体验,整个过程中的体验其实是可以被忽略的。"峰终定律"是指如果一段体验的高峰和结束部分是愉悦的,那么人对整个体验的感受就是愉悦的。

在用文字解释"峰终定律"的定义之前,我(本章的"我"指作者马成功)先放一张图(见图10-2)。这张图是游乐场的常见场景,乘坐过山车前可能需要排队30分钟,遇上节假日甚至需要排队好多个小时。然而当我们坐上过山车时,仅仅体验了不到一分钟就结束了。当我们回忆这个过程时,大部分人对乘坐过山车的印象都停留在结束时的惊险和刺激的感觉中,兴奋点在于乘坐过山车时的记忆,我们记住的是过程中到达游乐设施顶端俯冲的刺激感和结束时的兴奋感,这就是对"峰终定律"的一种应用。

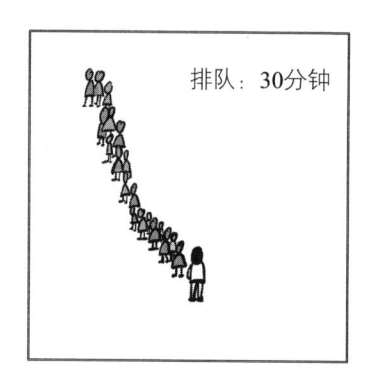

图10-2 游乐场的"峰终体验"

"峰终定律"在英文中叫作"Peak-End Rule",Peak是峰、顶点的意思,End是终端、结尾的意思。"峰终定律"也代表一种认知上的偏见,它会影响人们对过去事物的记忆,在过去发生的事物中,特别精彩或糟糕的时刻以及结束的时刻更容易被人们记住。人们对事物的体验往往取决于正向或负向的分值和结束的感觉,而不是平均值,所以在上述的游乐场例子中,我们更多的时候只记住了结尾时刻坐过山车的刺激,而会淡化排队的痛苦过程。

把"峰终定律"用在产品思维上,就是要让用户有两种极致的美好体验。峰,是指在和客户交流的过程中或客户体验产品的过程中,一定要有峰值的高度。终,是指近因效应,就是你对他人提供的服务总是对其结束时的服务态度印象最深刻。例如,旅客结束一段航程,离开机舱时空姐的一个微笑。结束一个聚会时,主人站在门口目送客人离开。这些体验都会给人留下美好的回忆。所以,我们在为客户服务的过程中一定要创造一个"峰终体验",并且在结尾时给对方留下美好的感受。

比如在宜家购物的时候,很多时候为了找一个小的物品,我们需要绕着宜家商场走一圈，寻找物品的体验较差。有些时候我们需要自己搬运家具，但是看到样板间展示的这一物品较好的产品体验，心情也会变好一些。结束时，1元的冰激凌会让我们觉得整体的体验还是不错的，愿意下次再来。假如我们把1元的冰激凌放在购物的开始，结束时搬运购买的物品和排长长的队付款就很可能让我们对宜家的购物体验感大打折扣。在星巴克消费的过程中也会如此。很多时候，你要排队或者等位置，体验未必很理想，但在这个过程中店里的环境和咖啡的香味，以及最后取咖啡时柜台工作人员给你的一个会心的微笑，可能就让你把过程中的一些烦恼忘记了，因为这个微笑包含着尊重。

所以在服务用户的时候，只要能够很好地创造用户的"峰终体验"，在结束时他就会对你有个好的印象，在过程中即便有些问题，用户的整体体验还是美好的（见图10-3）。

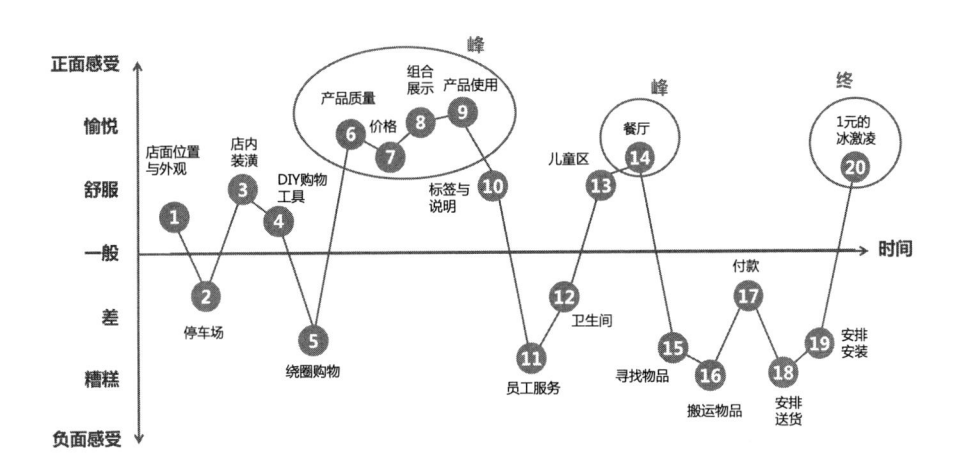

图10-3　家居店的"峰终体验"

对于初入职场的我们来说，不仅客户是我们的用户，组织内的领导和同事也是我们的用户。我们在和领导交流的过程中，是否也能创造出让领导印象深刻的"峰终体验",让他们对我们刮目相看呢?在交流结束的时候,是否可以给领导留下一个美好的印象?主宰我们对一段关系好坏的感受,往往和那些好坏感受的体验时间长短无关,而是这个过程中是否为用户创造了"峰终体验",以及结束时是否为用户留下了美好结尾。

【成长建议】

如何制造客户体验的"峰值"和"终值"

- 如果客户是外部用户,你创造过什么样的"巅峰体验"?
- 如果客户是外部用户,你创造过什么样的"收尾体验"?
- 如果客户是内部用户,你创造过什么样的"巅峰体验"?
- 如果客户是内部用户,你创造过什么样的"收尾体验"?

【本章小结——思维导图】

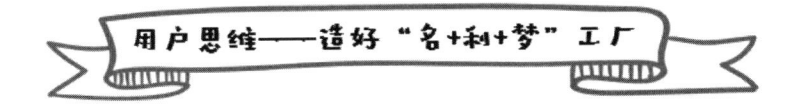

用户思维——造好"名+利+梦"工厂

激活用户：如何让用户和你玩在一起
- 名：让用户得到尊重，得到名气。
- 利：让用户获得一些利益。
- 梦：让用户有实现梦想的平台。

运营用户：如何纱用户中的"吐槽大王"
- 每一个质疑的背后，都有一个正向期待。
- 利用"吐槽"的槽点让产品不断完善和升级迭代。
- 借助"吐槽大王"吸引他人眼球的传播效应，让"吐槽"不断帮助产品扩大其影响力。

引爆嗨点：如何创造用户的"峰终体验"
- 如果客户是外部用户，你会创造什么样的"峰终体验"？
- 如果客户是内部用户，你会创造什么样的"峰终体验"？

【本章练习】如何用"名+利+梦"提升客户体验

1. 激活用户。如何让用户和你玩在一起?请举一两个实践过的案例,并分享心得。
   - 名:
   - 利:
   - 梦:

2. 运营用户。如何妙用用户中的"吐槽大王"?请举一两个实践过的案例,并分享心得。

3. 引爆嗨点1。对公司外部的客户,你如何创造"峰终体验"?请举一两个实践过的案例,并分享心得。

4. 引爆嗨点2。对内部客户(上级领导),你如何创造"峰终体验"?请举一两个实践过的案例,并分享心得。

第11章

增长思维
——用户画像+数据驱动

【孟小扬的成长突破】

增长思维

（图中对话："谁能告诉我，尿不湿和啤酒为什么要放在一起？"）

自从成立了产品研发部，孟小扬利用自己在项目思维和用户思维方面的优势，在部门中获得了很多伙伴的认可和支持，工作越来越顺手。近期部门负责用户增长的同事找到孟小扬，希望他对于部门正在完善的用户增长模块的新设计给予支持。因为孟小扬在部门中用户思维的能力优于其他人，作为技术人员又有较强的专业技术能力，可以很快帮助负责用户增长的同事解决手上的难题。

孟小扬知道用户增长对于产品是非常关键的，所以在接受邀请后，马上利用以前掌握的快速学习的方法，去了解增长思维是什么，以及应该如何将其实际运用在产品中，尽全力帮助同事。在一次又一次的实践过程中，孟小扬慢慢成长为受大家欢迎的智多星！

现在，轮到你了：

1. 你是如何看待人们常说的增长思维的？

2. 作为新人，你应该如何提升自己的增长思维，有效支持业务部门的工作？

3. 如果有机会成为新产品研发部主管，你会如何运用增长思维给公司创造更大价值？

一、增长思维，利用用户画像精准获客

增长思维这个理念最早来源于《增长黑客》和《指数级企业》这两本书。刚入职场的年轻人如果掌握这些最新的方法，并在自己的企业中有效应用，甚至可能反超"80后"和"70后"的职场人，给企业创造更大的价值。

增长思维为什么会越来越重要？因为现在包括中国经济在内的全球经济，都从粗放式增长开始进入精细化增长。例如，中国改革开放初期，增长模式是谁拥有更好的资源，哪个创业者的勇气和胆量更大，其企业效益的增长幅度往往越大，基本是以简单快速的复制来推

动企业的增长，而这种增长模式往往会忽略用户对品质的感受，以及企业可持续发展的能力。而从2020年开始，企业的增长模式已经发生了改变，很多零售行业的品牌，如快时尚、H&M、优衣库等企业都遇到了很大的压力，因为消费者已经越来越理性，越来越重视绿色和环保，他们不见得每年都要买新衣服，两三年前买的衣服一样可以接着穿。这种消费意识的觉醒，包括疫情之后的经济下行，使消费者的购买越来越理性。

以上这些因素使企业以前那种粗放式的增长模式日渐不适应市场竞争。现在的市场更强调企业能不能给用户创造价值，既包含商业价值，也包含社会价值，换句话说，就是你的企业有没有为人类做出特殊的贡献。这些问题都逼着职场人思考自己所在企业存在的原因：为什么社会需要这个组织的存在？它为人类到底能做什么贡献？

这里所说的"增长思维"并不是所谓的"流量思维"。我们常见的"流量思维"往往是把人先拉进来，用海量的用户基数使小部分人完成购买，如果还想继续产生购买行为，就再吸引大量的用户进来。而"增长思维"的逻辑是精准地找到目标客户，建立更紧密的信任和黏性，建立能够相互传递价值的关系，进而产生非常高的转化率，从而减少在广告投入方面的浪费。高转化率、高留存率，以及为用户创造持续的价值，是增长思维传递的核心理念和方法，这些方法可以帮助企业在未来的30年进入跟之前40多年完全不一样的增长模式中。

所以，现在进入职场的"95后"，可以多去研究对未来有价值的商业思维，而不是研究过去40多年的简单粗暴的思维模式。增长思维的核心逻辑就是如何精准获客。精准获客，换句话说，就是不用做太多广告。之前那种粗放的获客方式就是做广告，商家最核心的工作就是找最好的店铺位置，在网上做头部广告，在大平台上参与各种各样的活动。而现在这些模式要改变，改变的目的是希望更精准地找到核心用户，用理念去影响他们，以获得最适合你的用户。

增长思维的第一步是为你的目标用户画像。用户画像是虚构的角色，企业可以根据自己的业务指标创建用户画像，画像角色可以帮助我们了解用户的需求、体验、行为和目标，也可以帮助我们认识不同的人有不同的需求和期望，还可以帮助我们识别到底哪些用户对我们感兴趣。画像会使我们的设计任务不那么复杂，它指导我们的构思过程，帮助我们创造更好的用户体验。因此，用户画像描述的并不是一个真实的人，而是根据很多人的特点收集的真实数据组合而成的角色形象，用户画像在很大程度上为冰冷的事实增加了人情味。

用户画像的定义

根据维基百科的定义，用户画像就是与该用户相关联的数据的可视化的展现，一句话就是将用户信息标签化。从海量的用户信息里找到一些标签，并且为用户贴上这些标签，这些标签的来源就是用户的一些行为。

当企业需要借助可视化的标签建立对于用户的认知时，用户画像就能够起到关键作用。我们可以看一下京东的食品用户画像（见图11-1）。对于食品这个业务场景来说，平台上购买的用户是什么样的？例如，性别比例、蓝领与白领占比、评价敏感的人的占比等，通过对比平台的用户画像与全站的用户画像，来寻找差异点和优化点。

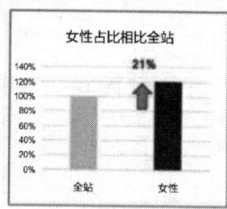

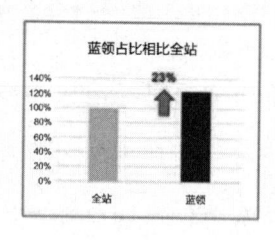

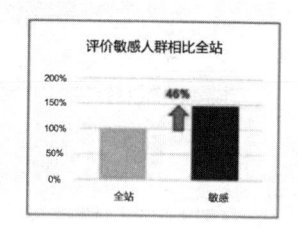

图11-1　京东食品用户画像

用户画像的作用

如果设计一个成功的产品,首先要了解使用该产品的用户。为所有人设计产品会导致目标不集中,所以首先要了解目标用户的需求。了解目标用户的需求有助于选择合适的产品功能和设计元素,使产品更有用。以下问题能够定义目标用户:

(1)谁是理想的用户?

(2)用户当前的行为模式是什么?

(3)用户的需求和目标是什么?

(4)在给定背景下,用户当前面临哪些问题和痛点?

这个时候,用户不再是产品或服务的被动接受者,而能够积极与产品或服务进行互动。了解用户的需求对于开发成功的产品至关重要,而定义明确的用户画像能够有效地识别和传达用户需求。用户资料的作用是为画像增加真实感，在探索用户需求和目标时增强同理心。

用户画像的主要部分

（1）个人背景（年龄、性别、教育程度、家庭情况等）。

（2）专业特征（职业、收入、兴趣、爱好等）。

（3）心理特征（需求、动机、愿望等）。

用户画像由用户资料和使用场景两个方面组成。使用场景能提高用户画像的有效性。没有使用场景的用户画像没有价值，因此定义好的场景至关重要。场景叙述可以遵循以下结构：

（1）提出一个问题或状况。

（2）描述用户对问题的反应。

（3）定义产品在场景中的作用（在这种情况下，用户如何与产品交互？用户为什么使用产品？目标是什么？）。

用户画像的创建过程

用户画像的创建过程有以下六个步骤（见图11-2）。

（1）数据收集。首先尽可能多地收集关于用户的信息，信息可以有许多不同的来源，甚至包括团队已有的研究。用户研究是一个好的起点，帮助团队深入了解用户。

（2）提出假设。根据第一步中收集的数据，了解各类用户普遍的状态和用户之间的差异。

（3）场景描述。描述用户会在何种场景下使用该产品。定义用户如何使用产品是画像的最终目标。

（4）角色描述。准备典型用户的简要描述，关注用户的需求、动机、愿望和价值观。把上一步中创建的场景添加到描述中非常重要。这个阶段的最终目的是在用户和产品之间建立共情纽带。

（5）选择3~6个用户画像。理想的用户数量是有限的，在这一步，选择3~6个最能代表典型用户的画像。选择有限数量的用户画像可以让我们在产品设计的过程中更加专注。

（6）传播画像。在这一步中与整个项目团队共享定义的用户画像是很重要的，它能够使团队对用户有统一的理解。

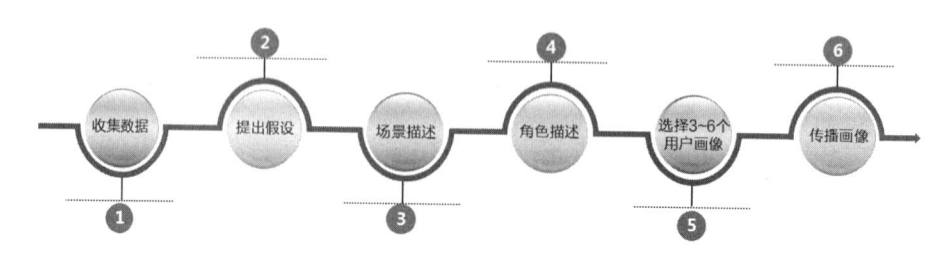

图11-2 用户画像的创建过程

小红书的用户画像分析

小红书的用户分布在一、二、三线城市，更多的是在一、二线城市，而三线城市中经济基础比较好的一些人也会使用小红书。小红书的用户普遍有一定的经济基础，收入也相对比较稳定。他们对买东西的需求是什么？第一是质量，第二才是价格。所以对这些人来说，所购买产品的质量一定要好，然后价格合理。同时这些人的消费能力很强，并且以女性居多。

虽然小红书在产品的引导里，加了很多男性用户特点的设置，但是一个社区或者一个产品，一旦早期的定位已经非常清晰，那么它后期想扩展定位是非常难的。所以部分公司就存在这个问题，因为短期的定位太强，很多男性进去以后根本就不知道怎么回事，而且能够满足男性的需求非常少。

从另一个角度讲，小红书上有三类人特别多，第一类人是前卫的买手，他们喜欢购物，也喜欢分享，这些人在分享之后顺带把路费赚了回来，慢慢地一些企业和机构就开始进行商业化运营。但是其实任何一个平台在刚开始的时候，都希望大家不要那么急功近利，而要用平常心去分享，这样平台的内容才能值得大家信任。第二类用户是年轻的、有经济实力的女性，她们喜欢看小红书笔记，也喜欢购物，小红书的用户正是以这些人为基础的。第三类人是小公司的用户。他们的特点是，第一，这些用户是有消费能力的；第二，这些用户不知道怎么买，也不知道买什么；第三，这些用户不知道在哪买，没有自己的主意，就只好去小红书查询。

小红书把用户画像做了精准扫描，同时在用户画像的基础上制定了金字塔运营策略。金字塔共有六层，分为头部、颈部、腰部偏上、腰部中间、腰部偏下、腰部以下。其中，头部为明星背书视频分享，颈部为顶级达人产品测评分享，腰部偏上的颜值担当达人进行晒单分享，腰部中间的达人输出产品经验测评文章，腰部偏下的达人分享好物推荐，最下面50%的内容为素人铺量。我们由此看到了小红书精准的用户画像，产品的营销定位和策略也就更精准聚焦了。

【成长建议】

用六个步骤画出用户画像

1. 数据收集。首先尽可能多地收集关于用户的信息和知识。

2. 提出假设。根据第一步中收集的数据，创建各类用户普遍的状态和用户之间的差异。

3. 场景描述。描述可能触发使用产品的场景，场景将用于更好地想象用户与产品的交互。

4. 角色描述。准备典型用户的简要描述，关注用户的需求、动机、愿望和价值观。

5. 选择3~6个用户画像。选择有限数量的用户画像可以让我们在产品设计的过程中更加专注。

6. 传播画像。这个过程中与整个项目团队共享定义的用户画像是很重要的，它能够使团队对用户有统一的理解。

二、从KPI到KBI，让大数据抵达真实的需求

如何有效衡量增长？有一个概念可以借鉴，就是从KPI到KBI，KPI是从业绩结果来衡量一件事情的价值的。例如，利润增长、用户量

第11章
增长思维——用户画像+数据驱动

增长和销售额增长。KBI是从行为来衡量一件事情的价值的,就是看有没有关键行为发生改变,对行为的理解就是我们所说的精准分析。

例如,用户有没有高频率地打开产品的网络或者小程序,他们一天打开几次,每一次停留多长时间,这种指标叫作KBI。钉钉生态有个企业交流,其中一家公司的任务是向企业销售钉钉系统,它们原来的考核销售指标是销售业绩,包括销售员是不是天天在谈客户,一天跑了多少家客户。现在通过数据化的手段发现有一个数据很重要,就是销售员每天打开几次公司的报价系统。不同的产品在不同的时间里价格是在调整的,销售员记不住这么多数字,所以在和客户介绍公司产品时,谈起价格时就会打开报价系统。之后通过这些数据发现,如果一个销售员一天可以打开五次报价系统,就意味着他成单的机会要远远多于那些只是去拜访、交流、与客户建立情感联系的销售员。

得到高研院的成都校区有位同学叫张富厚,他是一家银行的电销渠道负责人,管理的团队超过1000人。他们银行有三个电销中心,分别位于北京、上海和成都,他用不到10年的时间把成都中心的收入提升了50倍,现在成都中心每年的收入都超过100亿元,愣是把三个中心排名的第一位变成了成都。看上去他做得很成功,其实这个活很难做出成绩,平时我们每周甚至每天都能接到几个这样的电话:"先生您要不要办信用卡呀?理财产品要不要了解一下?"大部分时候我们都觉得这样的电话是打扰,甚至是骚扰。张富厚的电销渠道做的就是这个工作。你可以想象一下,电话打多了用户觉得烦,同事也吃不消,可电话打少了业绩就上不去。为了解决这个难题,他想了很多办法。为了避免过度骚扰用户,他们内部先制定了一个规则,每一位客户一个月最多打一次电话，一年最多给一位客户打六次电话，这算得上是业界良心了。规矩定好了再想该如何提升业绩，那就要靠提升每一次通话的质量。张富厚和他的团队做了第二件事情，他们建立了一个大数据系统，不过这个大数据系统不是我们通常理解的那种大数据杀熟的系统，这个系统最重要的部分是记录和分析每一次通话的过程。它具体记录了每次电话要打多长时间，什么时候打，通过大量的数据来判断客户在什么时候方便接听电话，什么时候打才不算是打扰他。后来这个大数据系统又引入了语音的分析模型，可以分析和客户通话的内容，进一步把客户划分成不同的类型，如价格敏感型、服务敏感型、额度敏感型，再针对不同类型的客户打电话时就可以开门见山。面对服务敏感型的客户，在电话接通以后先和对方聊聊我们的服务，看能不能满足对方的需要。这样业务人员每拨打一次电话，无论成交与否都有了数据上的意义。他们可以借助大数据系统不断迭代自己，用一种最好的方式在合适的时间用合适的话向客户介绍产品。这样无效的骚扰性电话少了，真正为用户创造价值的通话就多了，有效成交自然就上去了，同事的工作负担也变轻了。张富厚在分享中说了一句话："构建客户信息的数字化海洋，并在海洋中寻宝。"其实，今天的很多企业也在这片数字化的海洋中寻宝，只不过有的企业选择的方式是在破坏生态，随意捕捞，有的就像张富厚团队那样，在大数据系统的帮助下了解他人、关注他人、为他人着想，能够让数据技术成为抵达客户真实需求的桥梁。

精准分析是指那些用数据化手段更精准地找到关于客户行为的数据，而不是结果数据。找到这些行为数据之后，再把这些行为数据进行整理，让大家的动作更标准，进而能促成更好的销售增长。

> **【成长建议】**
>
> 让大数据抵达真实的需求
>
> - 构建客户信息的数字化海洋,并在海洋中寻宝。
> - 精准分析就是更精准地找到关于客户行为的数据,而不是结果数据。

三、4+1唤醒体验,有效提升产品复购率

推动客户持续增长的方式主要有四种。第一种是口碑相传,大多数产品有一个自然的增长水平,由对产品感到满意的客户对产品的热衷程度形成。例如,当我买了一台录音机的时候,不断向周围的亲友提及,很快我的亲友也都用它了。第二种是产品使用带来的延伸效应,不管出于赶时髦还是彰显身份地位的考虑,每次使用奢侈品这类产品时,都会引发旁人对产品的认知。当你看到有人有了一件新款的服装或者一辆某品牌的汽车时,你可能就会受到影响而跟风购买,这种情况对所谓的病毒式产品也适用。第三种是广告,大多数业务用广告吸引客户使用产品,这种方法成为可持续增长的来源,广告费必须由收入支付,而不是依靠投资成本这种一次性的资金来源。如果获取一位新客户的成本比带来的收入低,超出部分的利润就可以用来获取更多客户,当客户增长得越快时,公司所获得的利润就越高。第四种是重复购买或使用某些产品,通过付费计划(有线电视公司)或自愿多次购买(从同一家食品店多次购买食物)。这些可持续增长的来源

就为我们所说的"增长引擎"的反馈循环提供了动力。增长引擎就像内燃机一样不停转动，反馈循环发生得越快，公司成长得越快。每架引擎都有一套内在的衡量指标，它决定了使用这架引擎时数据增长得有多快。

由此可见，复购是商业的本质。很多人认为商业就是拉新，公司应该致力于让更多新客户购买，其实这是个错误的观念。很多时候在于老客户复购，不是赚新客户的钱，而是赚老客户的钱。现在也有一些过分的做法叫"杀熟"，有的商家因为了解的行为数据很多，就专注于赚老客户的钱。这里得到一个结论，如果一个企业只专注于吸引新客户，却不能留下老客户，那么这一定不是长久的模式。

哈佛大学有一个研究，发现老客户对于企业有三个非常重要的商业价值。第一，老客户往往对价格不太敏感。有时企业微调一个价格，老客户没什么感觉，因为老客户和品牌有较好的信任关系。可企业一旦伤害到了老客户，如质量没变化，功能没迭代，价格却往上涨了很多。当信任被破坏的时候，老客户可能就会离开。

第二，老客户更愿意尝试新产品。所以很多企业推新产品的时候，逻辑往往是错误的，它们专注于把新产品推给新客户，进行大量的宣传推广，让新客户尝试新产品，却没有意识到这样是低效的模式。高效的模式是让新客户使用老产品，因为老产品已经有了稳定的市场口碑，老客户也会帮着去影响新客户。而新产品应该让更多的老客户去尝试，因为老客户和品牌有信任基础，他们发现产品又升级迭代了，又有新功能了，更愿意去使用和尝试。

第三，老客户更愿意帮企业做口碑的传播。因为他们使用时获得了更好的体验，就会向身边的人推荐。网络上或者微信上流行让产品做所谓的"产品裂变"，很多人错误地认为人多就能裂变，其实不对。应该有一个前提，和你有信任关系的人才能和你裂变，老客户裂变要比新客户裂变更容易。

有个概念叫Customer Success，即客户成功。它是指陪伴客户持续成长的一种模式，这也是增长思维的一种体现。这个概念最早在硅谷由Salesforce公司开创性地提出，核心就是以客户为中心，保证客户的需求被满足，客户被满足后，才能留住客户，并持续从客户身上获取收益。在2010年前后，客户成功这一理念应运而生。到2015年，已经成为一个成熟的领域。现在还有一个岗位叫客户成功经理（Customer Success Manager，CSM）。

研究发现，客户购买了产品，如果售后服务好的话，往往会连续使用七年以上，在这七年的每一年里，企业在客户身上的服务费都会得到可持续的收益。这七年在服务上的收益远高于最开始卖给客户产品的收益。这就得出一个结论，即把东西卖出去之后，最后一个环节不意味着结束，而是更大的商业增长的开始。商业成功就是在客户购买了产品之后，看他有没有持续使用。很多企业往往在把产品卖出去之后，就觉得和客户的关系结束了，甚至客户打电话过来也不理，至于客户用不用产品、体验如何更不关心了。这样的模式会让客户再次购买的时候，就很难愿意继续购买了。

得到高研院有位同学名叫冯岩，他在2020年遇到了很大挑战，即怎么能让自己的火锅店存活下来。统计显示，100家新开的餐厅，一年之后能活下来的最多30家，这说明70%的店倒闭了。这已经够残酷了，再加上疫情的影响，餐饮业就真成了地狱模式。为了让自己的火锅店起死回生，冯岩是怎么做的呢？他靠的是一个公式，即：营收=流量×转化率×客单价×复购率，这是商业中经典的销售漏斗的公式。冯岩对着公式分析了自己店的情况，发现重点要解决的就是流量和复购率的问题。受疫情影响火锅店门口的人流稀少，冯岩就考虑在线上进行宣传，再加上火锅外卖的模式。一开始他们注册了一个微信公众号，结果发现单一互动的效果不好。他们换了个打法，把之前关注过这个公众号的3000多个用户，一个一个地手动添加到个人微信号，再把他们拉到微信群里，通过每天定时的小互动和小福利吸引大家点火锅外卖。所有员工和所有股东的朋友圈也定时输出内容，感兴趣或者下单的朋友都会被邀请进群。这一套动作下来，终于有人开始下单了。接下来还要解决复购率的问题。他发现客户回访很重要，他把那些抽象的用户群体还原成一个个真实的人，他对每一位下单的客户都给予最好的服务和最真诚的交流，这样慢慢地就有了很多回头客。冯岩想起这段经历，最大的感受就是：你把人当成数据，还是去关注数据背后那个有温度的人，这才是生意成败的关键。

还有一个是得到App，它在发展中也遇到这样的问题。知识付费产品遇到的最大压力就是很多用户因为焦虑感，所以买了很多产品。用户购买了知识付费产品之后，虽然其焦虑感马上解除了，可用户根本不听，学习的动力下降了，造成了很多库存，库存一多再买新品，销量就会受影响。客户成功最核心的理论就是让用户不断地使用产品，之后在用户的工作和生活中产生价值，在这个过程中陪伴他，最关键的一点是强大了用户的心智模式。用第一性原理来说，就是抢占了用户的认知，因为用户在不断使用产品的过程中，有机会和负责人沟通，就会越来越懂产品。当用户越来越懂一个品牌的时候，其他的品牌和理念就很难再影响他们的选择了。

我（本章的"我"指作者马成功）在辅导百丽鞋业的时候，发现他们的销售部在推一种新的工作方法。他们经过分析发现，很多用户买鞋是冲动消费，在店面试穿的时候感觉不错，就一口气买了好几款鞋，回到家里后感觉不需要这么多鞋，很多新买的鞋子被扔在鞋柜里，从没穿过。结果下次再逛同一家鞋店的时候，用户就想起来上次买了好几双放着没穿，就先不买新的了。所以，公司不仅要卖出产品，而且要让用户买了产品之后更高频地使用，然后在他的工作和生活中产生价值。他的体验感好了之后，下一次才可能购买更新的产品。

为了让用户买完产品后更高频地使用，百丽推出了新的工作法——4+1唤醒体验，就是在四个不同的时间节点给用户发出不同的、温馨的无干扰提示信息（见图11-3）。购买后第一天：等用户买完鞋的第一天，店员会发一个无干扰的信息，信息的内容是一个小贴士，主要说明穿新鞋时需要注意些什么。这个信息有一个"唤醒使用"的作用，提醒消费者体验产品。购买后第一周：用信息提示用户新鞋在保养的过程中需要注意的小技巧。购买后第一个月：用信息提示用户，在不同环境和不同场合穿鞋子时，搭配什么样颜色的袜子或裙装、裤装，会让鞋子更显高级感。购买后第一个季度：用信息提示用户，在换季的时候把鞋子放入专业鞋袋，能够有效地维护鞋子的质量和延长鞋子的使用寿命。用这些信息定期提醒用户：这些产品买来之后记得使用。只有用户使用了产品，才会产生好的体验，好的体验才会产生复购和引来口碑的裂变。

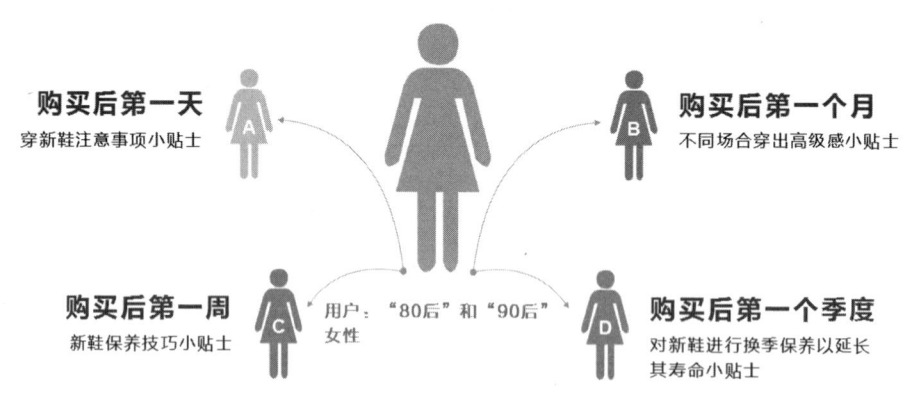

图11-3　4+1唤醒体验法

所以，当刚入职场的时候，我们要关注企业有没有给用户好的持续服务的模式，在这种服务模式中，有没有给用户解释他们关心的问题，让他们的体验更好。当好的体验状态维持住的时候，无论是口碑裂变还是用户自身的复购行为，都会自然而然地发生。

【成长建议】

4+1唤醒体验，有效提升产品复购率

- 在用户购买产品的第一天，我们可以用什么样的服务提醒体验？
- 在用户购买产品的第一周，我们可以用什么样的服务增强体验？
- 在用户购买产品的第一个月，我们可以用什么样的服务强化体验？
- 在用户购买产品的第一个季度，我们可以用什么样的服务重温体验？

四、打动人心，关注冰冷数据背后的真实人性

近两年，全球零售业的趋势是很多企业的一线销售人员没办法和用户见面，只能进行在线销售。因为疫情员工也只能在线办公，管理者在线管理，所以大数据、云计算这样的工具就会让人们更好地了解和收集更多行为数据。年轻的职场人应该看重这些数据的分析结果。

当年沃尔玛的市场部就通过顾客的销售小票，发现了很多销售规律。例如，小票里啤酒和尿不湿常出现在一起。其实，啤酒和尿不湿陈列在商场的两个完全不同的区域里，彼此之间的空间跨度还挺大，这让沃尔玛的市场人员感到匪夷所思，因为大家很难在脑海中勾画出这样的消费场景。后来他们就开始在店里观察消费者的行为，得出了一个结论：原来买尿不湿的很多不是妈妈而是爸爸，妈妈在家里照顾小孩出不了门，就让爸爸去买尿不湿，而爸爸去买尿不湿的时候，就顺便给自己买一箱啤酒，所以上述那种账单就出现了。当商家捕捉到这个信息的时候，就会思考如何让这个事情更高频率地发生，原来可以把尿不湿和啤酒这两个货架放在一起，或者在尿不湿旁边堆上啤酒，再发上一个促销广告，让更多爸爸有更多机会购买啤酒。自从两个货架被摆放在一起以后，这两种商品的业绩开始大幅度增长。

所以，对消费者数据的深刻洞察和理解，往往蕴含着大量的销售增长机会。京东会观察消费者看产品时的长图，如果消费者在某个图片上停留时间超过两秒钟，就说明他对这个功能、颜色或者性能感兴趣，于是京东就会给这个消费者贴标签，他喜欢这个性能、颜色或者

功能。一旦有类似的产品和功能出现的时候，系统就会把这个产品和功能推送给消费者，它知道这些符合该消费者的期待，从而推动该消费者更高的购买欲望。

现在都说未来最能够赚钱的就是数据，这里的"数据"其实不是指海量的数据，而是指掌握消费者的心理，以及对消费者的人性有更深刻洞察的数据。这些数据往往就藏在很多企业一线员工的日常工作中，就看他们是否能够从这些数据中分析出背后的商业机会。在很多企业里，很多高管拿不到这些数据，因为他们不接触一线消费者，所以一个企业是否能高速增长，取决于员工能否在工作中更深入地分析数据。他们找到商机之后，再把这些商机提供给企业决策者，进行最后决策。这意味着年轻员工在数字化时代要拥有两项能力：一是对数据进行商业分析的能力；二是把商业分析做得像商业计划书那样，把自己所发现的商机和它背后带来的商业价值展示给领导的能力。员工可以去说服领导，让领导认同你的观点。这样做能让你在企业更好地发挥自己的能力，也让数据给企业创造更多的价值。

用大数据理解人性，能够给用户超预期的反馈，营造惊喜时刻。从打动人心的角度去思考问题，才是销售的本质。

【成长建议】

尿不湿+啤酒带来的销售增长启示

- 大数据真正的意义，不是冷冰冰的数字，而是数据背后有温度的人性。大数据真正的作用，不在于机械地工作，而是用心感受用户的需求。
- 一个企业是否能高速增长，取决于员工能否在工作中更深入地分析数据。
- 在数字化时代年轻员工要拥有两项能力：一是对数据进行商业分析的能力；二是把商业分析做得像商业计划书那样，把自己所发现的商机和它背后带来的商业价值展示给领导的能力。员工可以去说服领导，让领导认同你的观点。

【本章小结——思维导图】

增长思维——用户画像+数据驱动

增长思维，利用用户画像精准获客
- 数据收集。首先收集尽可能多的关于用户的信息和知识。
- 提出假设。根据之前收集的数据，创建各类用户普遍的状态和用户之间的差异。
- 场景描述。描述可能触发产品使用的情况。场景用于更好地想象用户与产品的交互。
- 角色描述。准备典型用户的简要描述。关注用户的需求、动机、愿望和价值观。
- 选择3~6个用户画像。选择有限数量的用户画像可以让我们在产品设计的过程中更加专注。
- 传播画像。这个过程中与整个项目团队共享定义的用户画像很重要，这样会使团队对用户有统一的理解。

从KPI到KBI，让大数据表达真实的需求
- 构建客户信息的数字化海洋，并在海洋中寻宝。
- 精准分析就是更精准地找到关于客户行为的数据，而不是结果数据。

4+1唤醒体验，有效提升产品复购率
- 在用户购买产品的第一天，我们可以用什么样的服务提醒体验？
- 在用户购买产品的第一周，我们可以用什么样的服务增强体验？
- 在用户购买产品的第一个月，我们可以用什么样的服务强化体验？
- 在用户购买产品的第一个季度，我们可以用什么样的服务重温体验？

打动人心，关注冰冷数据背后的真实人性
- 大数据真正的意义，不是冷冰冰的数字，而是数据背后有温度的人性。
- 一个企业是否能高速增长，取决于员工能否在工作中更深入地分析数据。
- 在数字化时代年轻员工要拥有两项能力：一是对数据进行商业分析的能力；二是把商业分析做得像商业计划书那样，把自己所发现的商机和它背后带来的商业价值展示给领导的能力。

【本章练习】 如何运用增长思维，更深度地理解人性

1. 精准获客。如何给产品的用户精准画像？请举一两个听过或实践过的案例，并分享心得。

2. 精确分析。如何运用大数据抵达客户的真实需求？你有什么好的案例吗？

3. 复购增长。4+1唤醒体验对我们最大的启发是什么？在销售中应该如何有效运用它呢？

4. 关注人性。尿不湿+啤酒的案例给了你什么样的启示？如何把这样的思维运用在销售中呢？

参考文献

［1］汤姆·拉思. 盖洛普优势识别器[M]. 常霄，译. 北京：中国青年出版社，2020.

［2］安德斯·埃里克森. 刻意练习[M]. 王正林，译. 北京：机械工业出版社，2012.

［3］芭芭拉·奥克斯. 跨越式成长[M]. 王幼枫，译. 北京：机械工业出版社，2020.

［4］丹尼尔·科伊尔. 1万小时天才理论[M]. 张科丽，译. 北京：中国人民大学出版社，2021.

［5］黎万强. 参与感[M]. 北京：中信出版社，2018.

反侵权盗版声明

电子工业出版社依法对本作品享有专有出版权。任何未经权利人书面许可，复制、销售或通过信息网络传播本作品的行为；歪曲、篡改、剽窃本作品的行为，均违反《中华人民共和国著作权法》，其行为人应承担相应的民事责任和行政责任，构成犯罪的，将被依法追究刑事责任。

为了维护市场秩序，保护权利人的合法权益，我社将依法查处和打击侵权盗版的单位和个人。欢迎社会各界人士积极举报侵权盗版行为，本社将奖励举报有功人员，并保证举报人的信息不被泄露。

举报电话：（010）88254396；（010）88258888
传　　真：（010）88254397
E-mail：dbqq@phei.com.cn
通信地址：北京市万寿路173信箱
　　　　　电子工业出版社总编办公室
邮　　编：100036